戏剧遇见科学

幼儿活动设计与实践

刘乐琼　刘　颖　魏迎迎　著

中国轻工业出版社

图书在版编目(CIP)数据

戏剧遇见科学：幼儿活动设计与实践 / 刘乐琼，刘颖，魏迎迎著 . —北京：中国轻工业出版社，2024.1

ISBN 978-7-5184-4219-5

Ⅰ. ①戏… Ⅱ. ①刘… ②刘… ③魏… Ⅲ. ①戏剧教育 - 教学研究 - 学前教育 Ⅳ. ①G613.5

中国版本图书馆 CIP 数据核字（2022）第 256548 号

责任编辑：罗雅琼　　责任终审：李建华　　整体设计：锋尚设计
策划编辑：罗雅琼　　责任校对：朱燕春　　责任监印：张京华

出版发行：中国轻工业出版社（北京鲁谷东街 5 号，邮编：100040）
印　　刷：北京君升印刷有限公司
经　　销：各地新华书店
版　　次：2024 年 1 月第 1 版第 1 次印刷
开　　本：710×1000　1/16　印张：10.75
字　　数：200 千字
书　　号：978-7-5184-4219-5　定价：48.00 元
邮购电话：010-85119873
发行电话：010-85119832　传真：85119912
网　　址：http://www.chlip.com.cn
Email：club@chlip.com.cn
如发现图书残缺请与我社邮购联系调换
210631Y1X101ZBW

序

戏剧点亮科学

《3–6岁儿童学习与发展指南》强调，要关注幼儿学习与发展的整体性，幼儿发展是一个整体，要注重领域之间的相互渗透以及融合，从而促进幼儿身心的全面发展。对幼儿而言，各个领域的发展不应是孤立进行，而应共同包含在幼儿的整体学习之中。而且，幼儿把握世界的方式是一种多元、多通道的、天然整合的方式，他们不会将科学和艺术截然区分开。整合是幼儿根本的学习特点以及学习方式，如此，才能培养完整的儿童。

将科学与艺术进行整合有利于深化科学和艺术教育，提高幼儿综合素质，使幼儿在科学和艺术素质、多元表征能力、动手实践能力、科学技术创新能力与身心发展等方面得以提升。

戏剧作为艺术的一种重要形式，对幼儿科学素质的提升有重要的推动作用。戏剧的核心是通过即兴创作，站在他人的角度，来体验如何成为他人，如何从另一个角度看世界。对作为参与者的幼儿来说，这意味着幼儿能从一个新的角度看世界。戏剧融入科学之中有助于教师重新审视科学课程，有助于发现幼儿更多的可能性。传统科学活动更多的是语言的表达，这种表达方式比较单一，戏剧的融入带来更多元的表达。本书将戏剧融入科学活动中，是一种教育的创新模式，这种模式适应整合的学习特点，同时在这种模式下，幼儿在与外部世界的相互作用之中，用心灵去感知和创造，呈现身心交融的一种游戏状态，通过这种充分的交融与互渗，幼儿能获得更为全面、更为多元的发展。

书中理论与实践相结合，有方法、有策略，为教师组织活动提供了清晰的行动指南。集体活动按照决定行动—展开行动—结束行动的模式开展：决定行动环节以教师与幼儿游戏展开，能有效激发幼儿参与的主动性与积极性；展开行动环节，以科学活动为主，辅以戏剧情境，有助于持续幼儿的深度参与；最后，结束行动环节中，幼儿以多种形式进行展示和表达，教师充分支持幼儿多种形式的表现和表达，使幼儿科学领域和艺术领域的学习得到有机整合。

刘乐琼园长和他的团队持续开展研究，思考深入，成果丰富，他们的研究为促进学前教育高质量发展贡献了实践智慧，值得学前教育工作者交流学习。

李峰

北京市海淀区进修学校学前教育研修室 主任

目录

第一章

教育戏剧邂逅科学

一、揭开教育戏剧的神秘面纱

1. 幼儿教育戏剧是什么

从最原始的幼儿过家家类“戏剧游戏”到华丽的“戏剧表演”，戏剧在我们的生活和教育中呈现出多元化样态。然而我们所说的幼儿教育戏剧有别于成果表演或者以剧场形态出现的教习剧场（Theater-in-Education，TIE），一般而言，教育戏剧（Drama-in-Education，DIE）是通过即兴表演等技术，以戏剧的形式在课堂中开展的教学方法。它以即兴表演、角色扮演、主题深化、模仿、游戏等方式进行，让参与者广泛地参与到彼此的互动关系中，充分发挥各自的想象，自由地表达自己的思想，真正实现在做中学，以期使他们获得美感体验，增进他们的智能和生活经验。[①]

美国儿童戏剧协会马凯瑟琳（McCaslin）强调教育戏剧是一种即兴自发的、非表演性的、以过程为中心的教育活动。惠顿（Whitton）依照戏剧活动进行与组织的严密性，试图用一条持续的线形容其差异。幼儿戏剧和幼儿剧场在这条线的两端，左端为非正式的创造性戏剧，右端为正式的幼儿剧场，中间则是“参与剧场”。

线的最左端是幼儿自发性戏剧游戏，往右逐渐过渡到以戏剧为主的即兴创作，包括教育戏剧，最右端是以剧场为主的表演活动。越靠近左端越重视幼儿的即兴反应、内在现实、内在控制和建构过程。我们这里所说的教育戏剧并非剧场表演活动，而是幼儿在教师有计划、有组织下进行的自发性戏剧游戏，在游戏中幼儿横跨“过去”“现在”和“将来”的时空，在“当下”即兴参与并解决问题。

① 张晓华 . 教育戏剧理论与发展 [M]. 台北：心理出版社，2004.

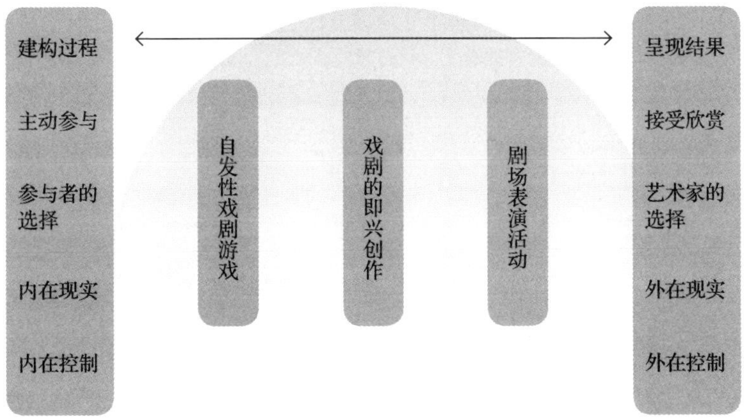

惠顿在线①

2. 幼儿教育戏剧在幼儿园教学中的作用

幼儿教育戏剧有利于促进幼儿的社会性发展。教育戏剧中幼儿自发性的表达和分享是非常重要的一部分，当幼儿发现自己的身体和声音能够带来多元变化，自己的想法和行为被充分尊重、接纳，他们的自信会油然而生；而且在现实世界中不能实现的愿望，在戏剧里能够实现，如每个孩子都有成为公主或王子的愿望，在戏剧游戏里这些愿望都可以实现。幼儿教育戏剧不仅有助于提升幼儿的自我概念，而且能帮助他们认识情绪、处理情绪，戏剧情境为幼儿提供了一个轻松、自在的环境，通过角色扮演等活动，幼儿可以感受、体验自己和他人的情感世界。在戏剧活动中，幼儿的情绪会投射到角色中，感受自己的情绪，同时也感受角色的心境，培养同理心，激发共情。戏剧活动还会给幼儿提供很多角色扮演、与团体互动的机会，幼儿与同伴的联系和归属感也逐渐加深。

幼儿教育戏剧有利于促进幼儿的认知发展。戏剧活动为幼儿提供了具体的情境，幼儿运用想象和表征，将周围的人、事、物之间的活动等呈现出来，从

① 林玫君 . 儿童戏剧教育的理论与实务 [M]. 上海：复旦大学出版社，2015.

而对这些抽象的概念和生活情境有了更深的认识。戏剧活动中，戏剧冲突是戏剧活动的核心要素，幼儿在解决戏剧冲突的过程中提升经验，解决问题的能力也会随之提升。另外，想象和创造是戏剧活动的基本所在，戏剧促使幼儿离开现实，穿越时光进入到新的情境中，感受不一样的世界，幼儿面对不存在的事物，运用心中的意象，假装看到、听到、闻到等，想象力和创造力得到极大的发展。

幼儿教育戏剧有利于促进幼儿的语言发展。除了社会互动外，教育戏剧重视幼儿语言的表达，幼儿从中可以感受声调、表情、手势和语气等的变化，这让原本生硬的词汇更有魅力。在戏剧活动中，幼儿为了让别人明白自己的意思，进行沟通和排练，这能够激发语言的敏感性，对他们的口语创作有很大的影响。

幼儿教育戏剧有利于促进幼儿的美感知觉。戏剧活动的一项基本要素是运用五官知觉进行感受，幼儿通过五官感受外界环境，模拟动植物的声音、动作，通过想象将自己带入到情境中：玩具柜变成植物，桌子变成船，椅子变成山洞，自己成了冒险的人，整个教室瞬间变成了奇幻的世界。这给幼儿带来了深刻的体验，为幼儿开启了美的旅程，比单向表达的电视节目更立体、生动。

二、幼儿教育戏剧走入幼儿科学教育

1. 幼儿教育戏剧与科学教育的缘分

基于皮亚杰的认知发展理论，学龄前儿童对世界的认知常表现出“泛灵论”的特点，即把主体的思想和意愿附着在客体上，认为万物皆有灵。在幼儿的精神世界里，他们对科学有着独特的、完全不同于成人的解释。幼儿所能理解的科学知识也不同于成人意义上的概念化知识，而是用已有的经验解释，该经验基于幼儿的感知和探究。心理研究证明，幼儿的年龄特点决定了他们对事物的认识是感性的、具体形象的，他们科学经验带有强烈的主观色彩，理性和逻辑思维会遏制孩子们的想象力。正如苏霍姆林斯基所说，“我千百次的证实，缺少了诗意的、美感的涌流，孩子就不可能得到充分的智力发展”。陈晓芳在“冰雪融化的原理”案例中也提到，有情感参与的科学学习活动更能促进幼儿全身心地参与其中。而教育戏剧融入科学活动中，能整合进感性的、肢体性的内容。

张金梅认为教育戏剧课程具有跨学科、综合性特点，其综合性并不是从主题出发的综合，而是从儿童戏剧经验的需要而生发的社会、科学和艺术学科的综合。在戏剧活动中，很多肢体动作需要通过对周围的人、物和自然的觉察表达出来。儿童本身就是自然的探索者和观察者，通过戏剧媒介，儿童可以将平时观察到的动植物、自然生态和环境现象，运用身体进行表达，真实地感受与自然互动的情境。

厄德高提出教育戏剧主要作用于科学活动的三个方面：科学概念、科学现象和科学与社会的关系。教育戏剧有助于将抽象的科学概念具象化，有助于幼儿持续探究科学现象的热情，提高幼儿的同理心以明晰科学与社会的关系。布鲁克提出“empty space（空的空间）”教育戏剧与科学活动的理论模型，包括两个目标层次：整合科学教育和教育戏剧的理论及戏剧，为科学活动的理解提供支架。基于该模型，科学学习是为了缩短学习者的世界和科学家的世界之间的距离。在这个模型中，通过教师的戏剧技能、戏剧活动设计，幼儿自我效能和态度以及戏剧任务类型，构建戏剧空间，弥补幼儿认知世界与科学认知世界间的差距，协调认知失调问题。

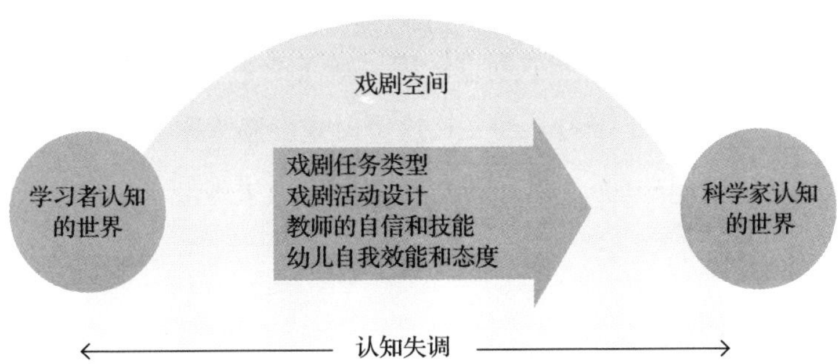

布鲁克认为幼儿通过教育戏剧的“如果……会……”这种方式尝试理解世界。该学习方式开放性强，为幼儿打开了想象空间，而创造性很大程度依赖于想象力的发展。想象与创造是教育戏剧活动的基本内容，幼儿通过创造心智意象，跳开此时此刻的限制，把不存在的事物创造出来。科学活动为幼儿提供实际且具体的题材，通过教师引导幼儿尝试通过其心眼（mind's eye）回唤及观照过去的生活经验，利用变通的想法解决科学活动中的问题。[①]

2. 幼儿教育戏剧与科学教育的设计方法

教育戏剧的架构一般为开始、中间和结束三部分，课程的开端转化为戏剧的“序幕”，是教学的“前置内容”（pre-text），引发幼儿参与的兴趣；中间过程，提取出重要部分的内容（context），引导幼儿参与探索深化的阶段（session）；结束阶段，将“收场（denouement）”转为深入理解与满足认知的回馈、分享和复习。[②]

幼儿教育戏剧设计课程的设计要素，主要包括目标、主题、内容、策略、焦点。当融入科学活动中时，教育目标包括戏剧学习目标和科学的学习目标，并将两者进行融合，目标从认知、技能（能力）和情感态度三个维度进行设计。主题即教师的选题，也就是这个活动中幼儿需要掌握的，例如活动“橙子和橘子”，橙子和橘子的差异便是这个活动的主题。内容包括幼儿科学探究和戏剧活动两大块，用真实的科学内容和虚构的情境交织，推动活动的发展。策略主要包括画面定格、教师入戏等，用来辅助教学。焦点是戏剧活动的关键部分，需要张力来推动，张力的出现有利于激发幼儿探究的热情，如在活动“橙子和橘子”中，教师在导入环节创设情境“妖怪把老爷爷的女儿抓走了，老爷爷非常伤心”，此处便是张力。幼儿在这个时候会瞪大眼睛，张大嘴巴，赶紧想办法找橘子和橙子的不同，此刻他们探究的愿望更强烈了，探究的内容也就

① 林玫君．儿童戏剧教育的理论与实务 [M]. 上海：复旦大学出版社，2015.
② 张晓华．创作性戏剧教学原理与实作 [M]. 北京：中国戏剧出版社，2017.

更有深度、更丰富。

在教学结构上，活动以戏剧理解为模块，主要通过“问题解决”的序列来进行。教师引发问题，幼儿建立起探究的动机，问题和问题的解决促使幼儿进入信以为真的情境，产生学习动力。课程结构主要分为三大阶段——决定行动、展开行动和结束行动。在第一阶段决定行动中，教师导入，设定问题，建立张力，引发幼儿兴趣，为幼儿提供行动线索，同时也暗示幼儿这不是真实情境。在第二阶段展开行动中，幼儿参与到科学探究活动中，教师根据实际情况，判断是否需要戏剧介入，如当幼儿被其他事物吸引而忘了探究内容时，教师可以进行情境提示，适时用教师入戏的方式进行引导。在第三阶段结束行动中，教师和幼儿进行总结和梳理，教师用肯定、自由表达等方式鼓励幼儿进行语言或者肢体表达。

3. 幼儿教育戏剧与科学教育融合对幼儿教育的意义

幼儿教育戏剧融入科学活动中，有助于激发幼儿的探究欲望。幼儿的认知处在前运算思维阶段，存在“泛灵论”思想，他们对于世界的认识比较感性，而戏剧活动强调幼儿的感性参与，所以戏剧的假装架构符合幼儿的认知特点，更能激发他们的兴趣。

幼儿教育戏剧融入科学活动中，有助于幼儿建构科学概念。幼儿对各个领域科学的理解具有局限性，而且理解建立在他们的感知觉经验之上。虽然幼儿有学习科学的潜力，但是目前他们对抽象的科学概念还不能理解和接受，而幼儿科学教育活动不可能把科学概念分拆教给幼儿，但是戏剧能在科学概念和幼儿的已有经验之间建立桥梁，为幼儿提供更多与同伴互动、拓宽思路的机会，戏剧的融入为幼儿建构自己的科学概念提供了支架。

幼儿教育戏剧融入科学活动中，有助于幼儿调动多种感官。戏剧关注幼儿运用视觉、听觉、嗅觉、味觉和触觉等多种感官表达，在假想情境中将科学探究过程中多种感官经验调动起来，再用身体表达出感受。在这个过程中，幼儿充分感受和体验，身体的表达也利于他们内化经验。

第二章

教育戏剧的独家配方

一、戏剧游戏

戏剧游戏是一种创造性的肢体活动，以身体、心灵、感官、声音、经验、记忆与想象为创造的原始工具，运用动作、形状、感觉、知觉、沟通和角色这些要素，用肢体充分地表达。戏剧游戏是教师引导幼儿运用肢体与表情、声音与语言，进行感知、想象和表达的戏剧教学游戏活动。按照功能，戏剧游戏可以分为七种类型——放松游戏、感知游戏、模仿游戏、想象游戏、造型游戏、控制游戏和专注游戏。[①]

放松游戏：身体与情绪进入松弛、平稳的状态，可以作为活动的暖身游戏和结束游戏。例如，教师首先让幼儿找到自己最放松的姿势（可以坐在地板上，也可以躺着），扣紧足趾，放松；并拢膝盖，紧压，放松；压臀置于地面，放松；上升肩至耳朵，放松；紧握拳头，放松；做鬼脸，放松。

感知游戏：在情境里调动多种感官进行感受，表现为对周围世界的感知，增强感官意识。例如，在游戏“种子的故事”中，幼儿变成种子，在教师语言提示下，一起练习沐浴在阳光下的种子出土时用力

① 张金梅．学前儿童戏剧教育 [M]. 南京：南京师范大学出版社，2015.

推、挤、拉、撞的定点动作。在游戏“爆米花”中，教师引导幼儿把自己想象成爆米花，展现表情和动作。教师说引导语“现在每位小朋友都是一颗玉米粒，在锅里跳来跳去，锅越来越热，玉米粒跳得越来越快，锅更热了，玉米粒热得快要爆炸了，于是玉米粒们一起大声喊，1，2，3，变爆米花了。”

模仿游戏：以细致观察为基础，对人或物的外形、特点进行复刻，以提高幼儿的观察能力。例如，在游戏“照镜子”中，教师当镜子里的人，幼儿模仿动作。

想象游戏：指向幼儿的内心世界，强调幼儿内心的直觉、品味、幻想和思考，体现幼儿的想象力。例如，在游戏“有鲨鱼”中，在游戏场地放置数张报纸，代表海上漂浮的船只，幼儿在船只周围游泳，等教师说指令“有鲨鱼”时，幼儿迅速跳到船上，没有跳到船上的人就要被鲨鱼吃掉了。

造型游戏：运用肢体对物体进行静止状态的塑造。例如，在游戏“放烟火”中，教师请幼儿A指向幼儿B，并说“放”，幼儿B听到后立刻向幼儿C说“烟”，幼儿C再立刻向幼儿D说出“火”，幼儿D立刻做出烟火的造型，同时其他幼儿也做出烟火的造型。

控制游戏：在虚构情境中，把握身体运动的动作大小、轻重、速度、空间（高低、上下、内外等）。例如，在游戏“走走停停”中，幼儿随着教师的铃鼓声练习走与停的动作，当教师摇铃鼓的时候，幼儿在场地中走动，当教师拍铃鼓两下时，幼儿停在原地不动。

专注游戏：幼儿将身体感官与情绪、语言等聚焦于一项任务中，以便做出灵敏反应，这个过程有助于提升幼儿的注意力。例如，在游戏“萝卜蹲”中，幼儿说完“萝卜蹲萝卜蹲，萝卜蹲完青菜蹲。”后，随即旁边的小朋友想到一个蔬菜名，边做动作边念口令“青菜蹲，青菜蹲，青菜蹲完青椒蹲。”后面的幼儿以此类推，根据前一名幼儿的指令融入自己的一种蔬菜，边做动作边念出口令。为了提升难度，蔬菜名不能重复，出现卡顿的幼儿要在圆圈中间表演节目。

二、戏剧策略

戏剧策略主要指的是为了解决戏剧教学中的问题而采用的方法。在戏剧教育教学过程中，教师与幼儿的角色经常会互换，这就需要借助丰富的戏剧策略来实现。如果教师不了解戏剧策略，则很难使幼儿投入角色，导致降低幼儿的参与兴趣。值得注意的是，戏剧策略不是一成不变的，教师可以根据实际情况灵活调整以及改造，使其与幼儿的需求更匹配。

1. 画面定格

画面定格策略是幼儿对事物的形态、动作等进行思考后，用静止的肢体和表情造型表现出来的策略。

案例：在中班进行科学活动“蚂蚁”，教师与幼儿通过观察蚂蚁，了解它的身体结构与主要特征。幼儿仔细观察后，与同伴一起讨论怎样变成一只“蚂蚁”。

希希蹲在地上，蜷成一团，将两只胳膊直直地伸出来说：“我是蚂蚁的头，这是我的触角。”她一边说一边动了动手臂。

安安趴在希希后面说：“我是蚂蚁的肚子。”他还把胳膊和腿伸出来说：“这是蚂蚁的腿。”

阳阳说：“蚂蚁有六条腿，你才有四条腿啊。”

安安说：“你趴在我后面，再伸出两条胳膊就可以啦，记得要和我连在一起啊！”

三位小朋友通过讨论与调整，组合成了一只“大蚂蚁”。

2. 教师入戏

教师入戏策略是教师以某个角色的身份推动幼儿的创作，最常见的是角色带动创作的策略。教师以某个角色参与到幼儿的游戏中，与幼儿展开互动，帮助幼儿发展和呈现想象情境。教师入戏通常采用第一人称的方式。

案例：在活动区游戏时，教师与幼儿一起观察泡发木耳的过程。幼儿通过观察，发现木耳在泡发过程中的变化，找出了干木耳与泡发后的木耳的特点与不同，之后，教师与幼儿一起表演木耳泡发前后的变化。

首先，幼儿蜷缩在一起，表现干木耳硬、小的特点。教师参与到游戏中扮演水，边摇晃身体（表现水的流动）边说：“我是水宝宝，当木耳泡在水中，会有什么神奇的事情发生呢？”当教师扮演的水轻轻流过幼儿扮演的干木耳时，“干木耳”就要慢慢发生变化（幼儿舒展身体），慢慢变软，变大……

3. 坐针毡

坐针毡策略是教师或者幼儿扮演角色，接受他人的询问，可以坐在特定的位置、穿上某件衣服或者拿着某个物品来示意所扮演的角色。

案例：教师在与幼儿玩“猜水果”的游戏时，教师坐在一个椅子做成的水果篮中，通过幼儿提问，教师回答的方式，猜教师扮演的是什么水果。

幼儿：你的身体是圆圆的吗？

教师：不是。

幼儿：你的身体是长长的吗？

教师：不是，我的身体上面小，下面大。

幼儿：你是什么颜色的？

教师：我身体是黄色的，还有一些小点点。

幼儿：梨。

4. 音效

音效策略是用写实或者类型化的声音伴随动作以描述环境。

案例：下雨时，教师与幼儿一起到操场观察下雨的场景，闭上眼睛仔细聆听下雨的声音。回到教室后，教师与幼儿一起变成操场里的玩具、雨伞、地板。教师说“下雨啦，下雨啦。”幼儿先发出哗哗哗的声音表示雨落下的声音，接着发出哒哒哒的声音表示雨滴落在雨伞上，还有的幼儿发出滴滴滴的声音表示水从玩具上落到地上的声音。

5. 仪式

仪式策略是采用仪式典礼等特定程序推动情节的发展，以彰显仪式感。

案例：幼儿在探究幼儿园里的自然物时，有的幼儿想探究幼儿园里的大树，有的幼儿想探究幼儿园里的花，有的幼儿想探究幼儿园里的动物。幼儿根据自己的兴趣分为三个组，三个小组各自为自己的小组起组名、编造型，并展示给大家看，激发小组合作意识，提升小组成就感与荣誉感，为接下来的小组活动奠定基础。

探究大树的小组叫大树探秘组，造型是一位小朋友做树干，其他小朋友做树枝和树叶。

探究花的小组叫七色花组，造型是以一位小朋友站中间做花蕊，其他小朋友做花瓣。

探究小动物的小组叫叽叽喳喳咯咯组，造型是小朋友们扮演各种各样的小动物形象。

6. 空间转换

空间转换策略是由于场地制约，通过想象将空间转换到当下。

案例：春天来啦，教师与幼儿一起到花园里去找春天，可是去找春天时要带上哪些工具？要注意什么呢？教师与幼儿通过想象在教室讨论。

教师：现在我们来到了花园，我看到树木有很大的变化，可是我怎么记录我的发现呢？

幼儿：用手机拍照。

教师：我需要一个手机。还可以怎样记录？

幼儿：还可以画下来。

幼儿：要准备纸和笔。

教师：在哪画呢？

幼儿：还需要画板、垫板或者椅子。

教师：快看，这里有只小虫子，我怎样能看清小虫子呢？

幼儿：要准备放大镜。

7. 良心巷

良心巷策略是全体幼儿分成两队，两队平行站立，并留一人通过的通道（巷子），让一名幼儿穿过这条巷子，其他幼儿提出意见和看法，主要用以解决问题。

案例：在玩“沉浮”游戏时，幼儿猜想木块是沉到水底还是浮在水面，并说出猜想结果和原因。根据猜想结果，猜想“木块沉下去”的幼儿站一队，猜想“木块浮在上面”的幼儿站一队。但是班中有两位小朋友说猜不出木块是沉是浮，于是这两位小朋友需要从两个队伍之间的“巷子”穿过去。队伍里的幼儿要一直大声说自己的猜想“木块会沉下去，因为……”或“木块浮在上面，因为……”两名幼儿闭着眼睛在两队之间从队头走到队尾，一位说：“我也猜木块沉下去，因为我听到有人说木头太重了。”另一位说：“我猜木块会浮在水面上，因为我听到有人说木船也是木头，木头会浮在水面上。”通过这个游戏，可以帮助幼儿拓宽思路，也能够倾听别人的想法。

8. 专家外衣

专家外衣策略是教师穿着专家的“外套”进入戏剧情境中，扮演专家推动情节发展。

案例：在开展科学游戏“盛开的纸花”后，幼儿对折好的纸花放在水中，花瓣会慢慢打开的现象十分好奇。教师戴博士帽，为大家解答其中的科学原理，通过“博士答疑”与幼儿互动，解答幼儿更多的问题，激发他们科学探究的兴趣。

三、戏剧契约

张金梅强调新手教师在开展教育戏剧时，面临的最大困难是戏剧活动对课堂秩序的冲击，为了维护戏剧活动的宽松、民主、自由的氛围，原有的集体活动常规不再适用，但如果没有规则、规范，戏剧活动现场会出现混乱、无秩序的状况，所以制定戏剧契约显得尤为必要。戏剧契约是教师的“教”和幼儿的“学”之间的契约，是双方的共同协定。

戏剧契约的内容主要包括假定性、角色分配、配合、活动空间等。在戏剧扮演过程中，角色和情境都是虚构的，虽然参与者内心知道是假的，但也要以假当真，认同这一虚构的戏剧世界。在角色分配中，有些角色如小兔子等正面角色是大多数幼儿喜欢的，而有些角色如反派角色灰太狼，部分幼儿不愿意演，还有的特殊角色如小魔仙，男孩不愿意演等，教师就有必要和幼儿约定轮流扮演角色或者分配角色。另外，表演者和观众之间的配合非常重要，表演者要面对着观众，而观众要认真欣赏并尊重表演者的表演，做个文明小观众。对于活动空间，在空间有限、幼儿数量比较多的时候，幼儿之间如果不约定好站位，很容易出危险，教师可以和幼儿一起感受合适的个人空间距离，以不碰到其他幼儿为适度。

第三章

融入教育戏剧的科学活动设计

一、生命科学：融入教育戏剧活动的设计与指导

（一）生命科学和戏剧关键经验

年龄	3～4岁	4～5岁	5～6岁
生命科学关键经验	1. 知道动植物会不断变化 2. 知道生物有各种需要和行为，如觅食等 3. 能辨别各种动植物的基本特征 4. 认识动物及人的各个身体部位及其作用	1. 知道动植物的需求，如水、空气等 2. 知道不同生物之间的行为等各有差异 3. 能辨别各种动植物的特征 4. 了解植物的一些特性，如向光性等 5. 感知并描述部分生命周期 6. 尝试对不同物种或同一物种进行概括	1. 理解各种动植物满足其基本需要的不同方法 2. 理解动植物具有生命周期，并能感知和描述 3. 能比较多种生物的相似性与差异性 4. 能理解生物的结构与功能之间的关系 5. 知道并了解生命体的个体行为会受到其内部提示和外部提示
戏剧关键经验	1. 知道戏剧有角色、情节和场景 2. 在教师的提示下，能简单想象角色的外形、行为特征 3. 尝试用肢体和声音模仿熟悉的人或动物的形态 4. 能用简单的肢体动作做出简单的造型 5. 愿意表达自己	1. 知道戏剧的角色有多个，不同的场景有不同的空间位置 2. 在教师提示下能想象与描画角色的外形及行为特征 3. 尝试用肢体、表情、语言和声音模仿常见的人和动物的形态 4. 能用较为丰富的肢体动作，单人或两两合作做出造型 5. 在教师的提示下能用动作表现声音、动作 6. 敢于在集体中表现自己	1. 知道各种角色及其关联 2. 能大胆想象并描画不同角色的外形、行为及心理特征 3. 在教师提示下，能用动作、声音细节表现 4. 能用肢体、表情、语言和声音模仿事物的动态过程，较为细腻地把握细节 5. 用肢体、表情、辅助材料进行多人合作造型 6. 耐心倾听同伴的想法，与同伴协商各种想法 7. 能在活动中大胆表现自己

（二）小班活动案例

活动一：和豌豆做游戏

活动目标

1. 在教师引导下运用多种感官发现豌豆的特征。

2. 在观察和感知的基础上能用语言、肢体等动作表现豌豆的特点。

3. 乐于参与劳动，体验观察豌豆、剥豌豆的乐趣。

活动准备

1. 材料准备：新鲜豌豆荚1500克（教师分放在几个小筐里，藏在班级角落），残渣盘10个，小竹筐5个，小碗每人1个，厨师帽若干，豌豆实物图片。

2. 经验准备：幼儿在生活中和区域游戏中有剥壳的经验。

活动重点难点

1. 活动重点：能够自己动手剥开豌豆壳并取出豌豆。

2. 活动难点：双手协调配合，掌握剥豌豆壳和取豌豆的方法。

活动过程

1. 决定行动

幼儿头戴厨师帽，变身小厨师。

教师：小厨师们，今天我们有个任务，要做好吃的豌豆，可是我找不到豌豆了，客人都在等着呢，我好着急啊！

幼儿：豌豆好淘气，它们在玩捉迷藏。

教师：淘气的豌豆藏在哪里呢？让我们在班级里找一找吧。

幼儿在班级里寻找豌豆，将发现的豌豆荚放在桌子上。

2. 展开行动

（1）观察豌豆荚，根据豌豆荚猜测豌豆宝宝是什么样子的。

教师：小厨师们好厉害，找到了豌豆荚，豌豆宝宝就藏在这里面。大家看看豌豆荚是什么样子的？

幼儿：像月亮一样弯弯的。

幼儿：身体鼓鼓的。

幼儿：里面有豆子。

教师：摸一摸豌豆荚，猜一猜里面的豆子是什么样子的呢？

幼儿：圆圆的。

幼儿：小小的。

幼儿：可能会跑来跑去。

幼儿：是绿色的，我吃过。

幼儿（用豆荚敲桌子）：好硬啊。

教师：大家观察到豌豆粒是圆圆的、硬硬的、绿色的、会滚动。那再请你们看一看、想一想，豌豆荚里面有几个豌豆宝宝？

幼儿：有 5 个。

幼儿：有好多好多。

教师：请你们剥开看一看，豌豆荚里有几个豌豆宝宝，它们长什么样？请记得把豌豆荚放进残渣盘，豌豆宝宝放进小碗里。

（2）幼儿尝试剥豌豆。

幼儿：老师，我的（豌豆荚）里有 4 个豌豆宝宝。

幼儿：豌豆是绿绿的，我猜对了。

幼儿：豌豆有点儿硬。

教师：豌豆是什么形状的呢？

幼儿：圆圆的，（豌豆）像小球一样。

幼儿：豌豆宝宝都挤在一起。

幼儿：剥开豌豆荚，一碰豌豆，它就跑出来，还会滚到地上。

教师：闻一闻，豌豆有什么气味吗？

幼儿（闻了闻）：不太好闻，臭臭的。

幼儿：香香的。

幼儿边剥豌豆，边和老师、同伴一起分享自己的发现（颜色、形状、大小）。教师观察幼儿剥豌豆的情形，给予指导，提示幼儿保护自己的小手，也保护好豌豆宝宝。

（3）总结活动，提升幼儿认知经验。

教师：小厨师们的小手真能干，很快就把豌豆宝宝取出来了，谁来告诉大家你用了什么好办法（剥豌豆和取豌豆的方法）？

幼儿：我沿着两边的缝掰开，豆子就取出来了。

幼儿：我从中间把豌豆荚掰开，中间的豌豆宝宝就出来了。我把皮再慢慢扒开，豌豆宝宝就被我一个一个取出来了。

教师小结：豌豆圆圆的，绿绿的。一个豌豆荚里有好几个豌豆宝宝，大家在剥豌豆的时候要轻一点，可以沿豆荚的缝剥开，把豌豆宝宝一个一个取出来。今天大家表现都很好，回家也可以帮妈妈剥豌豆或者择菜。

3. 结束行动

（1）教师变身豌豆荚，幼儿变身豌豆宝宝根据教师的数字进行游戏。

教师：我是一个豌豆荚，我的 4 个豌豆宝宝丢了，它们在哪啊？

幼儿：在这儿，我是豌豆宝宝。

教师：豌豆宝宝快到豌豆荚里面来吧。

在表现圆圆的豌豆时，有的幼儿蹲下来团成一团，有的幼儿举高双手抱成球，还有的幼儿双手在肚子前面抱在一起表现圆圆的豌豆。

教师：豌豆宝宝在豆荚里是怎么排队的呢？

幼儿：一个挨着一个。

于是四五个幼儿一个挨着一个站成一排或蹲成一排表示豌豆紧紧地挨在一起。

（2）大家齐动手，进行整理。

引导幼儿自愿分成运豆小队和整理小队两队，运豆小队把剥好的豌豆送到厨房，请厨师制作豌豆美食；整理小队把桌上的豌豆荚收拾干净，把豌豆荚倒在厨余垃圾桶里。

活动延伸

1. 教师可以在班级创设“小帮厨”活动，将食堂需要剥壳的食材放在区域里，鼓励幼儿帮忙，萌发他们热爱劳动、尊重劳动成果的意识。

2. 教师将幼儿在班级帮忙做事的照片、视频发布到班级群，说明活动价值与活动要点，让家长参与并发现幼儿的主动性与积极性。

3. 家园共育：在家为幼儿提供劳动的机会，鼓励幼儿帮助家人做一些简单的活动。

活动总结

1. 科学方面：（1）教师尊重幼儿的主体性，通过猜想、验证的方法，提升幼儿的探究能力，尤其是幼儿在剥出豌豆后验证了自己的猜想时，表现出了惊喜。（2）活动环节层层递进，难易度适宜。每个活动环节都是层层递进关系，推动着整个活动的开展，最终小厨师完成了为客人准备美味食材的任务。（3）幼儿通过实际操作认识到豌豆是可以充分感知的，在寻找、剥离的过程中运用多种感官了解豌豆是绿色的、圆圆的、光滑的、硬硬的。

2. 戏剧方面：（1）借助教师入戏的方法，运用角色要素引起幼儿对活动的兴趣，激发幼儿持续且深入参与探究豌豆的活动中，让整个活动充满了挑战性和趣味性。（2）教学方式多变，结束部分教师入戏变身为豌豆荚，通过“豌豆荚找豌豆”游戏引导幼儿创造性地模仿观察到的豌豆宝宝的形态。

活动二：可爱的小乌龟

活动目标

1. 认识乌龟的外显特征，如头、躯干、四肢等。

2. 尝试用动作造型及简单的语言表达对小乌龟的感受和关爱。

3. 对小乌龟产生浓厚的兴趣，知道要关心、爱护小乌龟。

活动准备

1. 材料准备：小乌龟，自制乌龟头饰，乌龟身体、四肢、尾巴的分解图，相框，黄色地毯（沙滩）。

2. 经验准备：幼儿见过小乌龟。

活动重点难点

1. 活动重点：了解乌龟的外形特征。

2. 活动难点：尝试用动作造型表达小乌龟的外形特征。

活动过程

1. 决定行动

教师引导幼儿进行动物模仿游戏，“我是一只小白兔，蹦蹦又跳跳；我是一只小猫咪，喵喵喵喵喵；我是一只乌龟，爬呀爬呀爬……”教师边念儿歌，边和幼儿做相应的动作。

教师带上乌龟头饰，扮演乌龟：嗨！大家好！我是一只小乌龟，可是我的同伴说我不像小乌龟，我好伤心啊！怎么才能更像呢？你们能帮帮我吗？

幼儿：我来帮助你，小乌龟有四条腿！

幼儿：我家里也养了一只小乌龟，和这只小乌龟很像。

…………

教师：我们要不要去看看小乌龟呢？

幼儿：好。

2. 展开行动

（1）教师引导幼儿分组观察乌龟，了解乌龟的外形特征（肢体动作表达）。

教师：小乌龟长什么样子？它的头是怎么活动的？

幼儿：小乌龟有硬硬的壳，有四条腿。

幼儿：小乌龟的头是三角形的。

幼儿：乌龟的头可以伸出来，缩进去。

幼儿：它的身体软软的，壳硬硬的。

教师：我们一起变变变，变成小乌龟。

教师和幼儿一同模仿乌龟。

幼儿：我的手变成小乌龟的腿啦。

幼儿：我把头缩进壳里啦。

幼儿：我是一只爬行的乌龟。

教师：你们都变成了一只可爱的小乌龟，真是太有趣啦！

教师：模仿完小乌龟，我们仔细观察小乌龟的壳上面有什么？摸上去有什么感觉？摸的时候轻轻地，因为小乌龟不喜欢别人摸它的头。

幼儿：乌龟的壳上有花纹，摸起来不是滑滑的。

幼儿：乌龟壳是硬硬的。

教师：小乌龟身体上还有什么？尾巴是什么样子的？

幼儿：它有四条腿，有一个小小的、细细的尾巴。

教师：小乌龟的腿是什么样子的？

幼儿：它的腿很短。

幼儿：它的腿软软的。

幼儿：它的腿上有小脚。

幼儿：腿的后面有小尾巴。

教师：它的尾巴是什么样子的呢？

幼儿：尾巴尖尖的。

幼儿：尾巴小小的。

幼儿：尾巴短短的。

幼儿：尾巴是向下的。

教师：你们观察得真仔细啊！发现了小乌龟身上有这么多的秘密，了解了乌龟有头、颈（脖子）、身体、尾巴和四条腿。

（2）模仿乌龟爬爬爬、玩“找同伴”游戏。

教师：现在小乌龟要去找同伴啦，我们变成小乌龟一起去找它的同伴吧，这下它的同伴一定认识小乌龟啦。

幼儿模仿小乌龟，爬到前面的沙滩——黄色地毯上，玩找同伴的游戏。

（3）拼合图片。

教师：哇，沙滩上有一张小乌龟的照片，但是不小心弄坏了，你们能帮忙把小乌龟的照片拼起来吗？

幼儿进行操作，教师循环指导，关注个别幼儿拼小乌龟的过程，及时给予正确的指导。

教师：它的头应该在哪？身体呢？四肢呢？尾巴呢？

幼儿：它的头在最前面。

幼儿：身体在头的后面，四肢在身体下方两边。

幼儿：尾巴要在壳的后面。

教师小结，提升幼儿对乌龟的认识。

3. 结束行动

（1）角色扮演，亲身感受小乌龟。

教师扮演乌龟妈妈，幼儿扮演小乌龟，配班教师扮演渔夫。

教师一边讲述故事，一边和幼儿游戏：小乌龟们和乌龟妈妈正在快乐地嬉水。突然，渔夫来了，小乌龟们非常害怕，但是渔夫对乌龟们说，小乌龟，不要害怕，我们是好朋友，我不会伤害你们的，我只想和你们一起在岸上玩。小乌龟们开心地答应了，一起去岸上和渔夫做起了游戏。

（2）教师总结，激发幼儿关心、热爱小乌龟之情。

小乌龟生活在水里，龟壳是为了更好保护自己。乌龟是我们人类的好朋友，我们要保护它们。

活动延伸

1. 在班级自然角中饲养小乌龟，延续幼儿照顾小乌龟的欲望，激发幼儿保护小动物的意识。

2. 教师通过推送照片、视频到班级群中，说明幼儿对小动物的关心、热爱之情，引导家长关注幼儿的成长，在日常生活中引导幼儿关注、爱护小动物。

活动总结

1. 科学方面：（1）幼儿充分观察、认识小乌龟。幼儿在观察小乌龟的外形特征后，能够用简单的语言描述小乌龟的明显特征。（2）有趣的操作材料激发幼儿对乌龟的认识。在实际操作中，幼儿对乌龟的身体结构、外形特征有了进一步的认识，提升了幼儿的认知经验。

2. 戏剧方面：（1）教师入戏，在充分观察小乌龟后，教师和幼儿一同入戏，模仿小乌龟静止、爬行的状态，幼儿身体的表达也有利于内化所获得的经验。（2）游戏化教学，符合幼儿年龄特点和发展需求。小班幼儿是游戏化活动，教师通过扮演游戏增加活动的趣味性以及幼儿的参与性，幼儿在模仿乌龟的过程中更加熟悉乌龟的特征。

活动三：神奇的木耳

活动目标

1. 通过实验观察木耳在水中变大、变软的现象。

2. 尝试用肢体模仿木耳在水中的形态变化。

3. 在探索过程中能够专注认真、明确自己的扮演对象并表现出自己的发现。

活动准备

1. 材料准备：透明塑料杯，干木耳，温水，木耳头饰，蓝色的布，魔法棒，黑色的布，照相机，电教一体机。

2. 经验准备：认识木耳，能将干木耳黑黑的、硬硬的等特征与其名称联系起来。

活动重点难点

1. 活动重点：发现木耳在水中的变化。

2. 活动难点：用肢体表现木耳的变化。

活动过程

1. 决定行动

创设情境激发幼儿兴趣：教师扮演魔法师，出示百宝箱变出实验材料。

教师：我是魔法王国的魔法师，今天邀请你们来魔法王国做客，我的百宝箱里有很多神奇的宝贝，我们需要一起说咒语请出这些宝贝。咒语就是魔法变变变，你们记住了吗？我们一起用咒语请出它吧！

幼儿：魔法变变变。

幼儿：它好黑啊。

幼儿：这是木耳！

教师：是的，木耳来啦！

2. 展开行动

（1）观察干木耳并进行猜想。

教师：一会儿魔法师要把你们变成木耳，大家想不想玩？现在请你们仔细看看木耳是什么样子的。

请摸一摸、闻一闻，它是硬的，还是软的？有什么气味呢？

幼儿：黑黑的。

幼儿：摸起来硬硬的。

幼儿：它的气味很奇怪。

幼儿：闻起来臭臭的。

教师：有奇怪的味道说明木耳需要洗洗澡了。你们来做干木耳，一起洗个澡好不好？

教师：我们一起念魔法咒语“魔法变变变”，小朋友都变成干木耳，张老师（配班老师）变成水壶好不好？

幼儿：我是弯弯的干木耳。

幼儿：我是小的干木耳。

配班教师：我是大水壶。

教师：小木耳们，要给你们洗澡了，猜猜看你们会有什么变化？

幼儿：头发湿湿的，全身会湿。

幼儿：干木耳会变大。

教师：小木耳们，表现出你们洗澡的变化吧！

幼儿用动作表现猜想的变化。

教师：你们都变成可爱的湿木耳了，不能动哦，我来给小木耳们拍个照片。

（2）幼儿操作。

教师：小木耳们，想不想知道你们刚才猜得对不对？我现在把你们变回来，魔法变变变，变成原来的样子，现在我们一起去探秘木耳吧。

带幼儿到操作区观察温水中的木耳。

幼儿：它的颜色变深了。

幼儿：它摸起来有点软了。

幼儿：木耳变大了。

教师：小朋友们观察得很仔细，木耳在水里会变大、变软、颜色会变深。回到家里，大家也可以和妈妈一起泡木耳，观察木耳还有没有其他变化。

3. 结束行动

（1）戏剧游戏。

教师：魔法变变变，把你们变成干木耳。魔法变变变，我变成水壶啦。

（教师往放木耳的碗中倒水。）

教师：小木耳们，碗中的小木耳正在喝水，大家一起来看看喝水的木耳和原来的木耳有什么变化。

幼儿：水变少了，木耳变大了。

幼儿：木耳在长大。

幼儿：木耳变高了。

教师：咱们班的小木耳是不是也口渴了，也给你们喝点水好不好？

教师模仿往小朋友身上倒水，幼儿模仿小木耳喝水的样子，有的幼儿张开双臂变成大木耳，有的幼儿向上跳模仿木耳变大，有的幼儿先蹲下再站起来双手举高变成大木耳等。

教师和幼儿一起玩“变大变小”游戏。

游戏玩法：我变变变变成湿木耳，我变变变变成干木耳，变大！变小！

幼儿根据教师口令表现木耳在水中的形态变化。

（2）教师小结。

教师：木耳在水中会变大、变软，水会变黑。请你回家试一试干木耳在热水中和在冷水中的变化一样吗？除了木耳还有什么宝贝放在水中会有变化？

活动延伸

1. 在班级的自然角中投放干木耳和盛水容器，幼儿在自然角中自主探索木耳的变化。

2. 将幼儿的实验过程通过视频、照片的形式推送到班级群中，鼓励家长在家中支持幼儿观察木耳的变化，并寻找除了木耳还有什么物质在水中会有变化，丰富幼儿的生活经验。

活动总结

1. 科学方面：（1）活动中运用在做中学的教育理念，从幼儿的生活经验出发，引导幼儿通过对木耳的猜想、观察和探索，获得木耳泡发后变大的相关经验。（2）活动材料充分，幼儿亲身体验，感受木耳的变化，满足了幼儿参与活动的愿望。只有在仔细观察后才能真正地了解事物的变化特点，教师通过真实验、真体验，帮助幼儿了解木耳遇水后的变化特征。

2. 戏剧方面：（1）游戏化的教学方式更加符合幼儿的年龄特点。教师通过设置有趣的魔法师、神奇的百宝箱、角色扮演游戏等吸引幼儿探索木耳的兴趣，当幼儿发现木耳在水中慢慢变大后非常兴奋，并积极地用简单的肢体动作表达自己的发现。（2）通过控制游戏，引发幼儿用肢体动作表现木耳干湿的状态，重复进行干湿口令变化，满足幼儿对于干湿木耳变化结果的直观表现。

活动四：认识花生种子

活动目标

1. 运用多种感官了解花生的特征。

2. 知道能用多种工具剥花生，尝试用肢体表现花生的特征。

3. 喜欢参加科学探究活动，体验扮演活动的乐趣。

活动准备

1. 材料准备：每人一个小盘子，带壳的花生若干，一张大白纸，笔，两个皮球，斗篷。

2. 经验准备：认识花生。

活动重点难点

1. 活动重点：运用多种感官了解花生的特征。

2. 活动难点：能够用动作表现自己的感受和发现。

活动过程

1. 决定行动

教师：从前有个女巫，将花生宝宝困在一间房子里。这间房子非常坚固，花生宝宝怎么都出不来，小朋友们可以救出可怜的花生宝宝吗？（教师出示花生）

幼儿：可以。

2. 展开行动

（1）观察花生。

教师：为了拯救花生宝宝，我们先要看看困住花生宝宝的房子是什么样的。

教师请幼儿前往操作区，观察花生宝宝的房子。

幼儿：房子硬硬的，上面有一层土。

教师：房子上面有土，所以我们不能把它放进嘴里。

幼儿：房子弯弯的。

幼儿：房子像个“8”。

教师：再仔细观察一下，还有别的发现吗？

幼儿：房子外面的皮不是光滑的，有小坑。

幼儿：房子外面坑坑洼洼的。

教师小结：花生宝宝的房子硬硬的，有点弯，形状像蚕茧，土黄色，上面有很多纹路，还有小坑。

（2）剥花生。

教师：观察完花生宝宝的房子，你们有办法拯救花生宝宝吗？

幼儿：用手抠。

幼儿：用夹子夹。

幼儿：用硬的东西把它拍扁。

教师：请小朋友们按照自己的方法试一试吧。

幼儿自由探索剥花生，教师巡回指导，引导幼儿先观察花生壳再剥，鼓励他们大胆交流剥花生的方法。

教师：你们是怎样把花生剥开的？数一数，每一颗花生里面有几颗种子？它们是什么颜色的？摸起来有什么感觉？闻起来是什么味道？可以把种子放在嘴里尝一尝。

教师小结：花生宝宝的外皮是红色的，摸起来很光滑，闻起来很香。花生的种子是可以吃的，香香的。

3. 结束行动

教师在地上铺一张大白纸，与幼儿一同用绘画的方式记录花生宝宝的房子特征。幼儿描述，教师绘制相应图形。

教师：还记得花生宝宝的房子是什么形状的吗？

幼儿：弯弯的，像“8”。

教师：我在这里画上大大的“8”。

绘制完成后，请幼儿躺在大白纸上，变成花生壳。

教师：花生宝宝的房子里有几个花生宝宝呢？

幼儿：两个。

教师：我们用这两个皮球来当花生宝宝吧。

教师用准备的两个皮球当作花生宝宝，请躺在大白纸上的幼儿抱住“花生宝宝”，请一名幼儿拯救“花生宝宝”，用刚才剥花生的方法拯救花生宝宝。

活动延伸

1. 引导幼儿自主种植花生，观察花生种子的变化，可以尝试多种方法（如土培、水培）进行观察。

2. 在家中和家长一起烹饪制作，让孩子们讨论花生的不同做法和味道。

3. 图书区投放故事书《花生的故事》《落花生》，通过阅读延展更多的故事。

活动总结

1. 科学方面：（1）幼儿操作实践，活动中老师充分调动幼儿的多种感官，从看、闻、摸、尝多种方面去感知、发现花生的特征，将花生壳的颜色、粗糙度、质地进行准确描述，并互相交流，获得了基本的探究技能。（2）教师尊重幼儿的主体性，在活动中教师及时进行关键提问，对幼儿的发现给予鼓励，并在关键节点帮幼儿进行总结梳理，是支持者、引导者。幼儿通过操作体验，具有更深探究兴趣的同时也具有了一定的思维方式。

2. 戏剧方面：（1）游戏化的教学模式。依据小班幼儿的年龄特点将花生拟人化、游戏化，设计让孩子去拯救“花生宝宝”的情景，让孩子充分进行表达表现。单纯的科学活动对于小班幼儿来说不容易被理解，然而赋予戏剧元素以后幼儿更容易理解也愿意在情境下完成观察任务，同时收获探究技能。（2）角色扮演参与性更强。一名幼儿扮演花生，另一名幼儿剥花生，从戏剧模式的角度展现了情节的发展，提高了幼儿解决问题的能力。

活动五：橘子

活动目标

1. 在教师的指导下学习运用多种感官感知橘子，了解橘子的特征。

2. 运用多种感官感知探索橘子的秘密，并用肢体动作做出橘子的造型。

3. 乐于探索活动，愿意运用不一样的造型表达自己的发现。

活动准备

1. 材料准备：橘子每人一个，纸盘，纸巾，装橘子的摸箱。

2. 经验准备：幼儿吃过橘子。

活动重点难点

1. 活动重点：体验了解橘子的特征。

2. 活动难点：用肢体动作表现出橘子的特征。

活动过程

1. 决定行动

教师：今天有一位水果宝宝来班上和我们一起来做游戏，现在魔法师把两位小朋友的眼睛都蒙住，请他们来摸一摸并猜一猜它是什么？

教师扮演魔法师，把两位小朋友的眼睛蒙住，拿出箱子请他们依次摸一摸。

幼儿：橙子。

幼儿：橘子。

教师：为什么呢？

幼儿：软软的，扁扁的。

教师小结：橘子摸上去软软的、糙糙的、扁扁的；橙子摸上去圆圆的、硬硬的。

2. 展开行动

（1）观察橘子的外形。

教师：请大家观察橘子是什么样子的。

幼儿：橘子是圆的，有点扁。

幼儿：橘子是橙色的。

幼儿：有的橘子会有点绿色，有点橙色。

教师：摸一摸有什么感觉。

幼儿：摸起来坑坑洼洼的。

幼儿：摸起来凉凉的。

教师：闻一闻什么味道。

幼儿：闻起来香香的。

幼儿：有橘子的味道，就是那种皮的味道。

教师小结：橘子是扁圆形的，它的颜色有的深、有的浅，但都是橙色，还没有熟透的橘子会橙中带绿；它的皮有些粗糙，摸起来不光滑；橘子闻起来香香的。

（2）橘子的内部结构。

① 猜想（画面定格）。

教师：小朋友们知道橘子里面是什么样的吗？

幼儿：一瓣一瓣的。

幼儿：软软的。

教师：现在魔法变变变，我变成剥橘子的人，小朋友们变成了大橘子，我想剥开看看橘子是什么样子的？请你把橘子的内部表现出来吧！

小朋友们扭动着身体围拢在一起展现抱在一起的橘瓣。

② 幼儿操作。

教师：请小朋友们把手中的橘子剥开，看一看里面是什么样子的，和你们的猜想一样吗？闻一闻它的味道。

幼儿：是一瓣一瓣的，闻起来香香甜甜的。

幼儿：上面有白白的丝，一条一条的。

教师：请大家数一数橘子有几瓣儿。

幼儿：有 7 瓣。

幼儿：我的 8 瓣。

教师：请你们尝一尝是什么味道的。咬开后，橘子瓣里面是什么样子的？

幼儿：酸酸甜甜的，有好多汁。

幼儿：里面是一粒一粒的。

幼儿：有圆的、硬硬的核。

教师：橘子里面是一瓣儿一瓣儿的，有白白的丝。橘瓣里面有白白的籽儿，有的没有。橘子的汁很多，吃起来酸酸甜甜的。

3. 结束行动

教师创设场景，幼儿一起扮演没有剥开的大橘子，教师扮演制作糖葫芦的人与幼儿一同游戏，继续探索橘子。

活动延伸

1. 将橘子和橘子瓣进行比较，引导幼儿理解“1”和“许多”的关系，对橘子瓣进行点数，引导幼儿感知和理解橘子“量”的特征。将水果模具制成学具投放在数学区域，进行按数取物、点数等。

2. 家园共育，让幼儿回到家中找一种自己喜欢吃的水果或者蔬菜，调动多种感官从内到外、从上到下进行观察，把发现跟家人分享。

活动总结

1. 科学方面：（1）充分满足了幼儿的好奇心，调动了孩子们的兴趣。在观察橘子之前，教师充分调动幼儿的先前经验，引导他们猜想并实际操作，接着进行更深入的探究。（2）激发了幼儿的科学思考能力。活动中有多次猜想，幼儿要调动先前经验进行思考，接下来观察外部、内部的特征从多种方面表达自己的想法，发展了幼儿的表达交流能力。

2. 戏剧方面，教师采用了画面定格的方式，幼儿扮演橘子，教师扮演魔法师剥橘子，幼儿在扮演橘子的过程中感受橘子的形态、结构、特性等。这种角色扮演，能让幼儿充分想象橘子里面是什么样子的，教师也会在怎样更显性地呈现橘子里面的样子下了功夫，充分理解孩子们的学习方式和特点。

（三）中班活动案例

活动一：娃娃菜的秘密

活动目标

1. 能够运用多种感官细致地观察娃娃菜，发现其特点。

2. 尝试记录自己的发现，运用多人合作的方法表现娃娃菜的特点。

3. 喜欢参与观察游戏，愿意与他人交流、分享自己的发现。

活动准备

1. 材料准备：娃娃菜（幼儿每人一棵），放大镜，托盘，残渣盘，毛巾，记录笔若干，“蔬菜王国通行证”。

2. 经验准备：幼儿在生活中有观察经验，玩过“蔬菜王国”的游戏。

活动重点难点

1. 活动重点：尝试运用多种感官对娃娃菜进行细致观察。

2. 活动难点：尝试用图画、符号记录自己的发现；在游戏中表现娃娃菜的特点。

活动过程

1. 决定行动

教师：今天我们一起玩一个蔬菜游戏。当说到哪种蔬菜的时候，小朋友们就可以摆出这种蔬菜的造型，我们一起试一试吧。

教师：蔬菜国，真热闹。蔬菜们，来跳跳。大葱伯伯当裁判，现在轮到黄瓜 / 葫芦 / 蘑菇跳。

教师：就在大家玩游戏的时候，一位新蔬菜朋友也想加入蔬菜王国。可是它必须得到一张“蔬菜王国通行证”才能正式加入。但是这张证书有一个要求，就是必须记录这种蔬菜的 15 个秘密。老师这儿有一张通行证，大家一起来观察吧。

2. 展开行动

（1）幼儿一起观察“通行证”，发现不同的记录方法。

教师：想要发现一种蔬菜的 15 个秘密，不是一件容易的事，大家快说说怎样能发现更多的秘密。

幼儿：可以用眼睛仔细看。

幼儿：可以闻一闻。

幼儿：可以摸一摸。

教师：说得太好了，我们可以用看、闻、摸等方法发现蔬菜的秘密。

教师：现在我们请出这位想要加入蔬菜王国的蔬菜。大家看，这是什么？

幼儿：小白菜。

幼儿：娃娃菜。

教师：我们一起用看一看、闻一闻、摸一摸的方法去发现娃娃菜的秘密并记录吧！我们可以怎样记录呢？

幼儿：可以画画记录。

教师：画画是个好方法，如果我发现娃娃菜是白色的，要怎样记录下来呢？

幼儿：可以用白色的笔。

幼儿：如果没有白色的笔，可以什么都不画，因为纸就是白色的。

教师：两位小朋友想到用白色的物体表示白色，真棒！

教师：如果发现蔬菜的味道怎么表示呢？

幼儿：可以用几道曲线表示。

幼儿：可以用一阵气表示。

教师：大家说得太好了！我们可以用生活中有相同特点的事物表示，比如大家说用棉花、白纸、云朵表示白色。还可以用一些符号表示我们的发现，比如用曲线或一阵烟雾表示味道。

（2）幼儿仔细观察，教师引导他们记录自己的发现。

教师：仔细观察娃娃菜是什么样子的呀。你发现了什么？

幼儿：娃娃菜是一片片的。

幼儿：娃娃菜的上面是叶子，下面不是叶子。

幼儿：娃娃菜上面是黄色，下面是白色。

教师：摸一摸娃娃菜，你有什么感觉？

幼儿：娃娃菜上面的叶子软，下面的茎硬。

教师：怎样表示叶子软和茎硬呢？

幼儿：可以画一个沙发表示软，画一块石头表示硬。

幼儿：摸上去凉凉的。

教师：怎样表示凉凉的呢？

幼儿：用冰淇淋表示。

幼儿：还可以用雪花表示。

教师：闻一闻，娃娃菜有什么味道？

幼儿：娃娃菜有点香味。

（3）分享活动：我的发现。

教师：哪位小朋友可以和大家分享你的发现？

幼儿：我发现娃娃菜的叶子是浅绿色的，叶子下面的茎是白色的。娃娃菜是一层一层的，外面的（叶子）大，越往里面（叶子）越小，里面的（叶子）最小。

教师：说得真棒！老师还有一个疑问：娃娃菜上面的是叶子，下部分是什么呢？

幼儿：是茎。

幼儿：我也发现（娃娃菜）是凉的，我用 -10（摄氏）度表示凉，妈妈说 0（摄氏）度就很冷，结冰了。

教师：小朋友还有其他的发现吗？

幼儿：把娃娃菜的叶子掰下来的时候，茎上有一条一条的丝。

幼儿：我的娃娃菜叶子是黄色的，不是绿色的，里面的菜叶比外面的（颜色）深，更黄。

教师：小朋友们的“火眼金睛”真厉害，不仅发现了娃娃菜这么多秘密，还想到用不同的方法记录自己的发现。我们帮娃娃菜发现了这么多秘密，娃娃菜能否顺利加入蔬菜王国呢？数一数，你们的发现够 15 个了吗？

3. 结束行动

教师：小朋友们真能干，这么快就帮助娃娃菜取得了“蔬菜王国通行证”。现在让我们一起为新成员——娃娃菜加入蔬菜王国庆祝吧。

教师：蔬菜国，真热闹。蔬菜们，来跳跳。大葱伯伯当裁判，现在轮到蘑菇跳。

教师：蔬菜国，真热闹。蔬菜们，来跳跳。大葱伯伯当裁判，现在轮到娃娃菜跳。

幼儿几人一组抱在一起表现娃娃菜。里面的幼儿蹲下，外面的幼儿半蹲，最外面的幼儿站着，表现娃娃菜一层覆盖一层，从里到外菜叶越来越大的特点。

活动延伸

1. 教师请幼儿将娃娃菜送到食堂或带回家，把娃娃菜做成菜品尝一尝，发现娃娃菜炒熟后的变化。

2. 结合季节特点或场地特点开展观察活动，通过系列活动培养幼儿的观察能力、记录能力和表现能力。

活动总结

1. 科学方面：利用幼儿身边常见的娃娃菜来激发幼儿的探究兴趣，让幼儿通过运用多种感官亲自看一看、摸一摸、闻一闻、剥一剥娃娃菜，对娃娃菜进行细致深入的观察，发现娃娃菜身体里藏着的许多秘密。活动过程中充分尊重幼儿的主体性，整个活动幼儿都是在充分感知、动手操作、亲身体验的互动过程中，尽可能多地发现娃娃菜的秘密。

2. 戏剧方面：游戏化教学的方式更适合幼儿的年龄特点，教师通过戏剧情境的创设、戏剧扮演活动以及造型游戏的方式，寓教于乐，增加活动的趣味性的同时也能提升幼儿的参与性。

活动二：小蚂蚁

活动目标

1. 通过观察，了解蚂蚁的外形特征。

2. 能够按照一定顺序观察，并用肢体动作表现出蚂蚁的主要特点。

3. 对观察活动感兴趣，愿意用表演的方式表达自己的发现。

活动准备

1. 材料准备：蚂蚁，观察盒，蚂蚁头饰，三张卡片（蝴蝶，蜘蛛，蚯蚓），放大镜若干。

2. 经验准备：幼儿有观察的经验。

活动重点难点

活动重点：通过观察，了解蚂蚁的外形特征。

活动难点：能够按照一定顺序观察，并用肢体动作表现出蚂蚁的主要特点。

活动过程

1. 决定行动

（1）感知游戏。教师与幼儿一起玩“猜猜它是谁”的游戏。教师准备好三张卡片（蝴蝶，蜘蛛，蚯蚓），请幼儿抽一张卡片，并用语言、动作表现出图片上小动物的特点，其他小朋友猜。

（2）坐针毡导入。教师扮演昆虫，幼儿提问题，教师回答。根据回答，幼儿猜出它是谁。

教师：今天，我们班又来了一位昆虫朋友。

幼儿：它能飞吗？

教师：大部分不能，有的能。

幼儿：它是什么颜色的？

教师：我们常见的是黑色的。

幼儿：它生活在哪里？

教师：它们有自己的洞穴，一般洞穴会建在地下。

幼儿：蚂蚁。

2. 展开行动

（1）教师出示观察盒中的蚂蚁，通过情景表现与幼儿一起总结观察方法与注意事项。教师戴上头饰扮演蚂蚁，与幼儿一起讨论观察方法。

教师：我是一只小蚂蚁，我们蚂蚁家族害怕大的声音，怕被动来动去，小朋友在观察我时应该注意什么呢？

幼儿：不能大喊大叫，不然会吓到蚂蚁。

幼儿：不能把盒子拿来拿去，要放稳后再观察。

教师与幼儿一起总结：观察时，不要来回移动观察盒，声音要小，以免吓到小蚂蚁；可以用放大镜从上往下，从整体到局部地观察。

（2）幼儿自由观察蚂蚁，并交流观察后的发现。教师巡回指导并请幼儿大胆地说出自己的发现。

教师：现在请小朋友仔细看看小蚂蚁长什么样子？

幼儿：蚂蚁黑黑的。

幼儿：蚂蚁头上有触角。

幼儿：蚂蚁有好多条腿。

（3）幼儿有目的地细致观察。

教师：蚂蚁身体上有什么？

幼儿：有触角，还有牙齿。

教师：蚂蚁触角长在哪里？

幼儿：长在头顶。

教师：触角是直直的吗？

幼儿：触角是弯的，像这样（幼儿边说，边用胳膊表现触角的形状）。

教师：蚂蚁身体是直直的吗？

幼儿：不是，是一段一段的。

教师：数一数，蚂蚁身体分为几段？

幼儿：三段。

教师：三段是一样大小吗？

幼儿：不一样，中间小，两边大。

教师：蚂蚁身体上还有什么？

幼儿：还有腿。

教师：蚂蚁有几条腿？长在什么地方？

幼儿：蚂蚁有 6 条腿，都长在身体的中间。

通过提问与互动，引导幼儿从整体到局部进行细致观察。

3. 结束行动

教师鼓励幼儿用语言、肢体，并借助道具表现蚂蚁。

教师：小朋友们都认真观察了蚂蚁，现在谁能说一说蚂蚁长什么样？

幼儿说自己观察到的蚂蚁。

教师：小朋友们说得都很棒，你们也可以借助班级里的物品把自己变成一只蚂蚁。

请幼儿按照自己的想法装扮，教师指导。

教师：现在小朋友都把自己变成了一只蚂蚁，我们一起去玩游戏。

幼儿装扮成小蚂蚁，自由做游戏，教师个别指导。

活动延伸

1. 家园共育：让幼儿回到家中和爸爸妈妈一起阅读关于小蚂蚁的科普书籍，了解更多关于蚂蚁的相关知识，丰富幼儿关于蚂蚁的认识。

2. 在美工区，用绘画或泥塑的方法制作小蚂蚁，加深对蚂蚁的认知。

活动总结

1. 科学方面：（1）此次活动是先让幼儿自由观察，在自由观察的基础上引导幼儿有目的地细致观察，遵循科学活动严谨性、科学性的特点。（2）活动准备充分，材料丰富。在幼儿经验方面，教师充分考虑幼儿的前期经验，确保活动内容在幼儿的最近发展区内。（3）在活动过程中教师充分尊重幼儿的主体性，首先让幼儿与材料充分互动，激发兴趣，接着让幼儿自主观察感受蚂蚁的魅力，最后进行戏剧游戏加深印象。

2. 戏剧方面：（1）教师通过教师入戏的方式，与幼儿共同讨论观察蚂蚁要注意的事项，在活动中与幼儿保持良好的伙伴关系，幼儿更愿意参与其中，对观察活动更加感兴趣。（2）活动采取游戏化的教学方式更适合幼儿的年龄特点，教师通过戏剧情境的创设、坐针毡游戏导入，以及教师入戏、画面定格的戏剧方式，让幼儿参与其中，寓教于乐，增加了活动的趣味性。

活动三：种蚕豆

活动目标

1. 认识蚕豆，了解蚕豆的外形特征。

2. 学习使用工具点种蚕豆，尝试用肢体表现种植蚕豆的过程。

3. 对种植活动感兴趣，愿意参与种植和戏剧表演活动。

活动准备

1. 材料准备：种植园地或种植器皿，蚕豆，铲子，水壶，种植步骤图，蚕豆头饰。

2. 经验准备：幼儿有种植经验，生活中见过豆类植物。

活动重点难点

1. 活动重点：认识了解蚕豆特点，学习不同的种植方法，尝试用肢体表现种植蚕豆的过程。

2. 活动难点：尝试用点种的方法种蚕豆。

活动过程

1. 决定行动

教师戴上蚕豆头饰，扮演蚕豆，导入活动。

教师：小朋友们，你们知道我是谁吗？

幼儿：豆子。

教师：你们怎么知道我的呢？

幼儿：你小小的、绿绿的，跟我们吃的豆子很像。

教师：你们知道我是什么豆子吗？

幼儿：绿豆。

教师：请你们再仔细观察。

幼儿：蚕豆。

教师：答对了，真棒！我们一起来观察蚕豆吧！

幼儿：蚕豆摸起来很光滑，身上有一条弯弯的、黑黑的缝。

教师引导幼儿通过多种感官感知蚕豆的特征，认识蚕豆荚、蚕豆瓣等，丰富他们的知识。

2. 展开行动

（1）学习选择蚕豆种子。

教师：是不是所有蚕豆都可以当种子呢？

幼儿：这个不行，它太小了，还有洞。

幼儿：这个也不行，它太瘪了。

教师与幼儿共同观看选种视频，适当的时候可邀请熟悉种植的家长进行介绍。

总结：蚕豆上有虫洞，豆子特别小的，壳的颜色枯黄的都不能当种子。

（2）请幼儿自己选种子。

教师：我们需要选一些蚕豆做种子，把它们种到我们的种植区，大家一起来选一选吧！

幼儿：这颗蚕豆上面有小洞洞，不能要，我把它挑出来放一边。

幼儿：这颗蚕豆大大的、圆圆的，适合种植。

幼儿：这颗蚕豆太瘪了，不适合种植。

（3）学习用点种的方法种植蚕豆。

教师：种蚕豆需要哪些东西？你们知道怎样种植吗？

幼儿：需要铲子、水、水壶。

幼儿：需要先挖一个洞，再把选好的蚕豆种进去。

幼儿：还需要把土盖上，不然蚕豆可能会被小鸟吃掉。

幼儿：最后，还需要给蚕豆浇水。

教师总结种植的步骤：翻土—挖坑—放入蚕豆—盖土—浇水。

（4）幼儿分组尝试点种蚕豆。此环节可以用种植器皿分组进行，也可以在种植角进行。

3. 结束行动

采用教师入戏的策略，深化对蚕豆的认知，熟悉种植过程。

教师扮演蚕豆，幼儿扮演工具，玩“种蚕豆”的戏剧游戏。第二轮的时候幼儿扮演蚕豆和工具，展示蚕豆种植的过程。

延伸活动

1. 讨论照顾蚕豆（已种植）的方法，并关注蚕豆的成长。

2. 定期观察蚕豆的生长变化，并记录自己的发现。

活动总结

1. 科学方面：活动按照引出蚕豆—认识蚕豆—观察蚕豆—学习选种—自主选种—学习点种方法—分组点种的步骤进行，自然流畅，衔接紧密，层层递进，充分体现了科学活动的严谨性和科学性特征。本次活动遵循了幼儿充分感知、动手操作、亲身体验的学习特点，从认识蚕豆、选种，到种植蚕豆，幼儿都是在与蚕豆的感知、体验、互动中获得直接经验。

2. 戏剧方面：教师通过戏剧情境的创设、戏剧扮演活动以及种蚕豆的戏剧游戏，增加了活动趣味性，大大提升了幼儿的参与性。通过在戏剧情境中的动手操作、直接感知以及种蚕豆的戏剧游戏与生活经验相结合，更利于幼儿关键经验的习得。

活动四：橘子和橙子

活动目标

1. 运用多种感官观察，发现橘子和橙子的不同。

2. 进行对比观察，能够用图画、符号记录自己的发现，可以用肢体动作表达自己的发现。

3. 愿意与同伴分享自己的发现，愿意表演。

活动准备

1. 材料准备：幼儿每人一个橘子一个橙子，大记录表，记录笔，斗篷，魔法棒。

2. 经验准备：幼儿有观察和集体记录经验。

活动重点难点

1. 活动重点：通过观察发现橘子和橙子的相同点与不同点。

2. 活动难点：能够用图画、符号、肢体动作表达自己的发现。

活动过程

1. 决定行动

教师穿着斗篷，拿着魔法棒，扮演巫师。

教师：小朋友们，我是大巫师，我抓走了兔姑娘。你们想要解救兔姑娘，就需要帮我完成一个任务。我喜欢吃橙子，但是我的魔法坏了，变出的水果不仅有橙子还有橘子，我想要的是橙子，你们能帮我分出来，我就把兔姑娘放了。

幼儿：我们可以帮你，快把兔姑娘放了。

教师脱去斗篷，变身成老师。

教师：小朋友们，知道巫师给你们的任务了吗？

幼儿：知道，分橙子和橘子。

2. 展开行动

教师引导幼儿运用多种感官寻找橘子和橙子的不同点。

（1）对比观察橘子和橙子的外部。

幼儿用摸、闻、尝等多种方式自由观察，教师巡回指导。

教师与幼儿一起总结橘子和橙子外部的不同点。幼儿表述，教师记录，可鼓励幼儿参与到记录中。

教师：你发现橘子和橙子哪里不同？

幼儿：橙子的颜色浅，橘子的颜色深。

教师：用什么方式可以记录下来你的发现呢？

幼儿：可以用画画的方式。

教师：这个主意很好，但是怎样画呢？

幼儿：用笔多描几次代表深颜色，只描一次代表浅颜色。

教师：想法真棒，其他小朋友还有什么新发现？

幼儿：橙子的底下（脐部）尖尖的，橘子圆圆的。

教师：如果用肢体表现你的发现，你会怎样表达？

幼儿：用手比划成圆代表橘子，用手比划成带尖的圆代表橙子。

教师：大家用观察的方式发现了许多橘子和橙子的不同点，还可以用什么方式发现？

幼儿：还可以闻一闻。

教师：大家赶快闻一闻吧！

幼儿：橘子闻起来很甜，橙子闻起来很香。

教师：很棒的发现，这个发现可以用什么方式记录下来？

幼儿：我想画下来，可以用心形代表橘子很甜，用大拇哥表示橙子很香。

（2）对比橘子和橙子的内部。

① 猜想橘子和橙子内部有什么不同。

教师：请大家猜一猜橘子和橙子里面有什么不同。

幼儿：我记得橘子皮里面有白色的丝，橙子可能没有。

幼儿：橙子会流水，橘子不会。

幼儿：橘子可以分瓣，橙子不能。

幼儿：橙子也可以分瓣。

教师：小朋友们都有自己的猜想，大家可以试着剥开橘子和橙子，看看里面有什么不同。

② 幼儿动手剥开橘子和橙子，观察感受不同，并大胆说出自己的发现，一起总结并进行集体记录。

幼儿：橙子皮不好剥，橘子皮好剥一些。

幼儿：感觉橙子的果肉紧，橘子的果肉松。

幼儿：它们的果肉颜色不一样。

幼儿：橙子皮和橘子皮里面的颜色也不一样。

幼儿：橙子里面的皮有点白，橘子没有。

幼儿：橘子皮和果肉上有白色的丝，橙子也有。

3. 结束行动

教师先变身成橘子（可以用即时贴在肚皮上贴出橘子的显著特征），然后变身成橙子，请幼儿辨别橘子和橙子。第二轮的时候请幼儿和同伴一起玩橘子、橙子大变身的游戏。

教师扮演巫师：小朋友们，你们太棒了，恭喜你们完成今天的任务，成功解救出兔姑娘！

活动延伸

1. 将剥开的橘子皮和橙子皮投放到自然角，引导幼儿观察它们每日的变化；投放拍摄工具、纸、笔、记录单等，以便幼儿随时记录自己的发现。鼓励幼儿通过多种途径了解橘子和橙子的不同，通过分享环节进行交流。

2. 请家长与幼儿在家收集、观察与品尝不同种类的橘子和橙子，发现它们的多种特征，拓展并丰富幼儿的经验。

活动总结

1. 科学方面：幼儿通过多感官感知、发现橘子和橙子的不同，再到猜想橘子和橙子的内部不同，进一步去探索，由浅入深，层层递进。在活动中幼儿积极表达自己的想法，教师以幼儿为主，通过启发式提问、跟进追问的方式引导幼儿大胆表达，并引导幼儿尝试用不同的方式进行记录。

2. 戏剧方面：教师通过角色扮演将幼儿带入情境，赋予游戏性的任务，使观察更具有目的性，幼儿也更愿意参与其中。在活动结束环节，教师再次通过戏剧形式帮助幼儿巩固梳理本次活动经验，首尾呼应，衔接一体。

活动五：柿子的内部结构

活动目标

1. 了解柿子的内部特征，发现横切与纵切的不同。

2. 愿意用语言、动作等表达自己的发现，尝试与同伴合作用肢体动作表现柿子的内部结构。

3. 对探究柿子感兴趣，喜欢参与探究活动。

活动准备

1. 材料准备：柿子，刀，记录表，纸巾，摸箱，柿子头饰等。

2. 经验准备：幼儿在生活中见过柿子。

活动重点难点

1. 活动重点：知道柿子的内部结构，对探究活动产生兴趣。

2. 活动难点：能够对比发现柿子横切面与纵切面的不同，并与同伴合作表现。

活动过程

1. 决定行动

教师：小朋友们想玩猜水果的游戏吗？今天老师带来一个水果袋，袋子里装了一种水果，大家一起猜一猜好不好？小朋友提问，老师来回答，看谁能先猜出这种水果是什么。

幼儿：它是圆的吗？

教师：是。

幼儿：它是红色的吗？

教师：不是。

幼儿：它是什么颜色的？

教师：橙色的。

幼儿：橙子。

教师：不是，比橙子红，挂在树上像小灯笼。

幼儿：我知道了，是柿子。

幼儿通过思考、提问，发现了水果的特点，从而推理猜想到是柿子。

教师（戴上厨师帽扮演厨师）：欢迎大家来到我们的秘密厨房，今天邀请小朋友和我一起用柿子制作柿饼，小厨师们愿意帮忙吗？

2. 展开行动

（1）通过神奇百宝箱，触摸感受柿子的外部特征。

教师：我这里有三个百宝箱，里面装的是水果，其中就有柿子，请小朋友轮流摸一摸，说一说你摸到了什么样的水果，猜一猜它是不是柿子。

教师请幼儿轮流到摸箱里摸一摸。

幼儿：我摸到了圆圆的水果。

教师：它有什么特点吗？

幼儿：感觉凉凉的、滑滑的。

幼儿：摸着不是很大，我猜一号百宝箱是西红柿。

教师：猜完后从摸箱里取出水果看一看。

幼儿：原来它是小小的柿子。

请另一名幼儿摸一摸另一个摸箱的水果。

幼儿：我摸到一个扁圆的水果。下面还有叶子，叶子摸上去硬硬的，我猜二号百宝箱里也是柿子。

请另一名幼儿摸一摸第三个摸箱里的水果。

幼儿：我摸到的水果有的地方软一些，有的地方硬一些，还有的地方有些扎手，我猜三号百宝箱也是柿子。

教师：为什么呢？

幼儿：我吃到的柿子就是软软的，三号百宝箱里的水果就是软软的。

幼儿通过摸一摸方法初步发现柿子的外部特点，将三个摸箱里的水果取出，三个箱子都是柿子，有大的有小的，有硬的有软的。

教师引导幼儿进一步观察柿子的外部特点。

（2）观察内部结构，并分组进行展现。

教师：我们一起把柿子切开，看看柿子里面是什么样子的吧。

幼儿两人一组，一人将柿子横切，一人将柿子纵切，对比观察。

教师：横切和纵切的柿子切面看起来一样吗？

幼儿：不一样，一号宝箱的柿子横着切能看到一瓣一瓣的，纵着切看不到。

幼儿：横切的切面是像轮子一样的圆形，纵切的像心形。

幼儿：二号宝箱的柿子横切面有条纹，纵切看到了有籽。

幼儿：三号宝箱的柿子纵切有汁流出来，横切没有流出来。

幼儿通过对比，发现柿子横切面和纵切面的不同之处。鼓励幼儿分组表现自己的发现，尝试用肢体或借助工具表现出来。

3. 结束行动

教师：现在我是一棵大大的柿子树，小朋友们想不想变成一个个的柿子？

幼儿戴上柿子头饰，参与到游戏中。

教师：柿子成熟啦，厨师叔叔把柿子切开请小朋友们品尝（教师引导幼儿可以变成柿子横切面的样子，也可以变成纵切面的样子）。

教师：小朋友们发现了这么多柿子的秘密，柿子还可以做成好多好吃的。现在我们把切好的柿子晾到户外，观察柿子晾晒后有什么变化。

活动延伸

1. 开展活动“好吃的柿子”，引导幼儿通过味觉感受柿子的特点。也可以与家长沟通交流，家园共同探索柿子可以做出的各种各样美食，了解柿子的营养价值。

2. 观察晒干的柿子，在区角提供记录本、拍摄工具、纸、笔，鼓励幼儿通过符号表征的方式记录自己的发现，感知柿子每日的变化，探索晒干后柿子的用处。

活动总结

1. 科学方面：通过观察柿子的外部和内部的特征，从感性上升到理性。在观察中不仅用眼睛看，还启发幼儿运用多种感官，并且通过对比丰富幼儿的认识，获得更全面的信息。

2. 戏剧方面：教师通过坐针毡方式将戏剧融入科学探究活动，使活动更生动。戏剧形式的运用不仅给幼儿提供角色扮演、与同伴互动的机会，也激发了幼儿参与活动的热情。

（四）大班活动案例

活动一：花的秘密

活动目标

1. 能对三角梅进行细致观察。

2. 观察过程中能够用语言、符号或者小组合作表演的方式表达自己的发现。

3. 喜欢参与到观察活动中，感受与同伴一起表现的乐趣。

活动准备

1. 材料准备：花（花园里、幼儿园院子里正在开放的当季的花，或幼儿熟悉的花），记录笔和纸，观察的花和其他植物的局部图片（不同植物的花的局部图片、叶子的局部图片或花茎的局部图片）。

2. 经验准备：有观察欣赏、照顾过不同种类的花的经验。

活动重点难点

活动重点：运用多种感官对三角梅进行细致观察，尝试表现出来。

活动难点：在观察中能够将自己的发现用语言、符号、动作等表现出来。

活动过程

1. 决定行动

教师和幼儿一起到幼儿园院子里赏花，激发幼儿观察兴趣。

教师：幼儿园花园里的花开得特别漂亮，小朋友想不想和老师一起去赏花、观察花呢?

幼儿：愿意。

教师：我们观察花需要准备些什么呢?

幼儿：带上放大镜。

幼儿：还可以带上纸和笔，把发现记录下来。

幼儿：还可以带上小椅子，坐在那儿仔细观察。

教师：小朋友们总结得真棒，需要带上观察用具放大镜；记录用的纸和笔，还有大家的小椅子。给大家5分钟的时间把这些物品准备好，5分钟后我们出发。

2. 展开行动

（1）幼儿分小组进行自主观察，教师指导幼儿记录自己的发现。

幼儿和教师一起来到幼儿园的小花园。

教师：你认识这种花吗？

幼儿：认识，是三角梅。

幼儿：我家里就有。

幼儿：我在小区见过。

教师：请大家仔细观察，观察后我们玩“真假三角梅”游戏，游戏时老师会出示几张花的照片，可能是叶子、可能是花朵，也可能是花茎，大家要在图片中找出三角梅的图片。大家要仔细观察，想办法记住三角梅的特点。

（2）幼儿分组分工进行观察与记录。

教师：小朋友们4人一组，每组观察10分钟，10分钟后我们一起玩“真假三角梅”的游戏。教师提示每小组4人应该怎样分工，比如“谁观察、谁记录”，怎样才能充分利用时间，观察到三角梅更多的秘密。

教师：小朋友，你们观察到了什么？

幼儿：三角梅的花是紫色的。

幼儿：叶子是绿色的，厚厚的。

教师：三角梅的花是什么样的？

幼儿：它的花瓣是三角形的。

教师：它有几个花瓣？花瓣是怎样长在一起的？

幼儿：有三个花瓣，它们围在一起，围成一个圈圈。

教师：闻起来有什么发现？

幼儿：有点香香的。

教师：摸起来怎么样？

幼儿：花瓣软软的，叶子硬硬的，中间的（花蕊）也是硬硬的。

各小组进行观察与记录，教师观察幼儿的记录，根据幼儿观察的要点进行指导。

3. 结束行动

（1）小组分享交流。

教师：10 分钟时间到了，请小朋友们回到自己的小组。

幼儿回到自己的小组。

教师：在这么短的时间内，小朋友们不仅要分工还要观察记录，你们是怎样做的呢？

幼儿：我们组 4 个人，一人观察花，一人观察叶子，一人观察花茎，辰辰记录得最快，所以他负责记录。

教师：分工真清楚，你们发现了什么？来和大家分享吧。

幼儿：我们发现三角梅的花是紫色的，三角形的，一朵花有三个花瓣。叶子是绿色的，叶子上面的叶脉不是很清楚，叶子像水滴一样……

（2）游戏“真假三角梅”。

教师：“真假三角梅”的游戏开始啦！请大家仔细观察老师出示的图片，小组商量后出示你们的答案：是三角梅或不是三角梅。每次一分，最后得分最多的小组获胜。

教师出示不同植物的图片，幼儿猜。

（3）好一朵美丽的花儿。

教师：大家观察太仔细了，这么快就区分出真假三角梅。我们的最后一个游戏是小组内几个小朋友合作演示三角梅花朵，看看哪组小朋友表现得逼真。

幼儿小组合作进行表现。

活动延伸

将幼儿的记录张贴在花园附近的展示栏中，展示小朋友的发现，鼓励幼儿邀请其他班级小朋友赏花，为其他小朋友介绍三角梅的秘密。

活动总结

1. 科学方面：（1）教师充分利用幼儿园资源开展科学探究活动。（2）活动中教师充分利用大班幼儿分工合作的学习方式，通过“真假三角梅”游戏将幼儿的观察能力、表现能力真正运用到解决问题的活动中。（3）教师通过小组观察与个体指导，了解每位幼儿的观察经验与记录经验，通过一对一交流指导，提高幼儿的观察能力与记录能力。

2. 戏剧方面：对于科学观察活动来说，如何吸引幼儿参与到活动中，如何充分调动幼儿的各种感官，提高他们观察能力是此类活动需要突破的，即打破科学观察活动的单一形式，调动幼儿主动性，让科学观察活动更有意义。教师通过“真假三角梅”的游戏，通过小组比赛的组织形式充分调动幼儿主动性与积极性，让幼儿全身心地投入到活动中。

活动二：菊花和大丽花

活动目标

1. 通过对比观察，发现菊花和大丽花的相同点与不同点。

2. 用不同的方法表现自己的发现，并愿意与同伴分享。

3. 在观察活动中感受探索发现的乐趣。

活动准备

1. 材料准备：菊花，大丽花，幼儿熟悉的花或者植物（2 ~ 3 种），记录纸，水彩笔，放大镜。

2. 经验准备：幼儿了解并熟悉班级环境里的植物，有初步观察的意识与能力。

活动重点难点

1. 活动重点：能够调动多种感官进行对比观察活动。

2. 活动难点：能够将自己在观察中的发现通过不同的方法记录，并乐于分享。

活动过程

1. 决定行动

教师：今天老师带来几盆常见的植物和大家一起玩游戏，这个游戏的名字叫“你说我猜”。我会邀请一位小朋友到门外观察我带来的植物，这位小朋友回来后会和大家说植物的特征，大家根据特征猜测是什么植物。

教师依次邀请几位幼儿到教室外面观察植物，回班描述植物特征，其他幼儿猜是什么植物。

幼儿：我观察的植物是圆形的，身上有很多刺。

幼儿：仙人掌。

教师（出示植物）：答对了。

幼儿：我观察的植物全都是绿色的叶子，我们的植物角就有。

幼儿：绿萝。

教师（出示植物）：答对了。

幼儿：这种植物开黄色的花，花朵很大，花瓣是一条一条的。

幼儿：菊花。

教师（出示植物）：答对了。

幼儿：这种植物也开黄色的花，有很多花瓣儿。

幼儿：还是菊花。

教师（出示植物）：这种花虽然跟菊花有点儿像，但是有很多不同点。

教师出示菊花和大丽花，引导幼儿仔细观察两种不同的花。

2. 展开行动

（1）教师与幼儿一起寻找菊花与大丽花的相同点。

教师：大家看看这盆花和菊花有什么相同的地方？

幼儿：它们的花都很大。

幼儿：它们都有很多花瓣。

幼儿：它们都是一根茎上长一朵花。

教师：大家找出了这盆花和菊花的相同点。请你们再仔细观察，找一找它们有哪些不同？

幼儿：我发现这盆花的花瓣比菊花的花瓣大。

幼儿：这盆花的花茎是棕色的，菊花的花茎是绿色的。

教师：小朋友们观察太细致啦，现在老师揭晓答案，这盆花叫大丽花。大家能不能找到菊花和大丽花更多的不同之处，请大家把发现记录在记录纸上吧！

（2）幼儿寻找菊花与大丽花的不同点，并进行有条理的记录。

教师：你发现了哪些不同？

幼儿：菊花的花瓣小，大丽花的花瓣大。

幼儿：菊花的颜色浅，大丽花的颜色深。

幼儿：菊花有香味儿，大丽花没有香味儿。

幼儿：菊花的叶子软，大丽花的叶子硬。

教师：再仔细看看，叶子还有哪些不同？

幼儿：菊花的叶脉一摸就能摸到，大丽花的摸不到。

教师：怎样让大家看出来你有几个发现呢？

幼儿：可以标数字。

幼儿进行观察记录，教师巡回指导，引导他们细致观察，通过对比发现两种花的更多不同之处。同时，指导幼儿使用数字、表格、分隔线等方法进行有条理地记录。

（3）与同伴分享。

教师：现在请一位小朋友介绍自己的发现，大家认真听，一会儿请你说出和他不一样的发现。

幼儿介绍自己的记录单，其他小朋友认真听。

教师：大家看一看自己的记录表，说一说自己的跟别人的有什么不一样，各有什么优势？

幼儿：我的记录表有很多格子。

幼儿：辰辰的记录表有分隔线，每条记录更清晰。

教师总结：我们可以用不同方法记录我们的发现，下次大家记录的时候可以试一试这些方法。

3. 结束行动

教师：上一环节，大家观察了菊花和大丽花，比较了二者的不同，并分享了自己的发现。现在我们玩一个小游戏好不好？游戏的名字叫“花儿排排队”，游戏规则是：小朋友分为两队，一队叫菊花队，另一队叫大丽花队，两个队小朋友平行站立，中间留出走动的通道，请一名小朋友闭着眼睛从两个队伍中间走过，同时菊花队说出菊花的特点，大丽花队说出大丽花的特点，看一看这位小朋友会记住哪个队的声音。

教师与幼儿共同游戏。

活动延伸

1. 将菊花和大丽花盆栽投放到班级植物角供幼儿进行欣赏、观察。

2. 可以在植物角选择适合的或幼儿熟悉的植物开展观察或对比观察的活动让幼儿进行更深入的观察。

活动总结

1. 科学方面：在活动中利用游戏引发幼儿的冲突，激发幼儿对比观察的兴趣，活动过程中教师鼓励幼儿进行自主记录，通过尝试数字、分隔线、表格等不同的方式解决“清楚记录”的问题，突破活动难点。

2. 戏剧方面：在活动结束环节，通过游戏“花儿排排队”，引导幼儿进一步梳理两种植物的不同之处，将零散的经验再次进行梳理，帮助幼儿经验内化。

活动三：花园探秘

活动目标

1. 观察艾草，记录艾草的特点。

2. 尝试运用多种感官对艾草进行细致观察，能用细腻的肢体动作表现自己的发现。

3. 愿意与大家分享自己的发现，在观察活动中感受发现的乐趣。

活动准备

1. 材料准备：桌子，花坛，艾草（每人一棵），放大镜，记录纸，黑板，记号笔等。

2. 经验准备：幼儿知道艾草，初步了解艾草。

活动重点难点

1. 活动重点：运用多种感官尝试进行细致观察，并用肢体动作表现。

2. 活动难点：在观察中尝试运用多种形式进行观察记录。

活动过程

1. 决定行动

教师：今天，老师给小朋友带来了一种植物。现在我们玩一个问答游戏，大家问老师关于这种植物的问题，我回答是或者不是，大家根据老师的回答猜测是什么植物。

幼儿：这种植物是能吃的吗？

教师：不是。

幼儿：幼儿园里有，是吗？

教师：是。

…………

幼儿通过提问知道老师说的是艾草。

教师出示艾草，引导幼儿认识，并让他们进行初步观察。

教师：一会儿我们要到花坛里寻找艾草，现在大家要仔细观察。

2. 展开行动

（1）引导幼儿运用多种感官观察艾草，发现它的秘密。

教师：我们用什么方法可以发现艾草的秘密？

幼儿：看一看。

幼儿：摸一摸。

幼儿：闻一闻。

教师引导幼儿通过看一看、摸一摸、闻一闻的方法寻找艾草的秘密。

（2）幼儿观察与记录，教师指导。

教师：你发现了艾草的什么秘密呢？

幼儿：艾草是绿色的。

幼儿：艾草的叶子上面有白色的小毛。

教师：你是怎么记录的呢？

幼儿：我画了一片叶子，在叶子上画了很多毛毛。

幼儿：艾草有奇怪的味道，我用榴莲表示奇怪的味道，因为榴莲的味道很怪。

（3）幼儿分享自己的发现。

教师：小朋友们发现了艾草的好多秘密，谁和大家说一说自己的发现？

幼儿：艾草的叶子上有白色的小毛。

幼儿：艾草的叶子边缘尖尖的（幼儿一边说一边将手指捏在一起表示尖尖的）。

幼儿：艾草的叶子厚厚的，叶子背面能摸到叶脉。

幼儿：艾草的叶子上有奇怪的味道。

幼儿：艾草的叶子长得很整齐，像小朋友排队一样。

幼儿：艾草的叶子长在花茎两边。

教师：是左边和右边对着长吗？

幼儿：不是，左边的叶子高一些，右边的叶子低一些（幼儿边说边将两只手臂靠在一起，手掌错位张开）。

幼儿：艾草下面的叶子很大，上面的要小一些。

3. 结束行动

（1）幼儿与同伴尝试用肢体动作表示艾草的生长特点。

教师：我们用肢体来表示艾草的样子，可以怎样表示呢？

幼儿：我个子高，可以站在前面用身体做艾草的茎秆，胳膊伸开，手掌张开做叶子。

幼儿：我可以蹲在他身后，用手掌做下面的叶子。

幼儿：我也可以蹲在他旁边变成一棵小一点的艾草。

（2）幼儿到花坛寻找艾草。

教师：我们一起到花坛里寻找艾草吧。大家把找到的艾草放到桌子上，我们一起来观察。

幼儿一起观察找到的艾草。

活动延伸

1. 鼓励小朋友利用游玩的时间在公园里、小区里找一找艾草，看一看艾草都生长在哪儿。

2. 在美工区投放绘画材料，鼓励幼儿画一画艾草。

活动总结

1. 科学方面：(1) 亲近自然，喜欢探究。引导幼儿关注生活中常见的事物，并发现其中的趣味和奥妙。大自然中有各种各样的植物，它们蕴藏着无数的秘密，本次活动引导幼儿畅游在探寻的世界中，在寻找、观察、交流活动中发现艾草的生长特点，体验探究、发现的乐趣。(2) 材料准备充分，满足幼儿细致观察的需要。教师给每一位幼儿准备了一棵艾草，可以满足不同能力幼儿在探究中的个性需求。(3) 幼儿先通过多感官的观察认识艾草，再通过寻找、辨识的方式探究积累了丰富的认知经验，探究欲望得到了满足。

2. 戏剧方面：教师鼓励幼儿运用肢体动作对艾草的形态特点进行表达，通过在造型游戏中用手指动作展示叶子的形状特点，用上肢造型表达了叶子的生长特点，提升了幼儿对艾草的认知。

活动四：黄瓜与丝瓜

活动目标

1. 通过对比观察，发现黄瓜与丝瓜的相同点与不同点。

2. 用不同的方法表现自己的发现，并愿意与同伴分享。

3. 提高对比观察的意识及方法，感受探索发现的快乐。

活动准备

1. 材料准备：黄瓜，丝瓜，纸巾，餐盘，残渣盘，托盘，记录表，签字笔。

2. 经验准备：生活中见过并吃过黄瓜与丝瓜。

活动重点难点

1. 活动重点：运用多感官进行对比观察，发现黄瓜与丝瓜的相同点与不同点，尝试用肢体表现。

2. 活动难点：能够将自己的发现进行记录并分享。

活动过程

1. 开始行动

教师出示丝瓜，请小朋友观察，并说出它是什么。

教师：请大家看一看这是什么。

幼儿：是丝瓜，我见过。

幼儿：是黄瓜，黄瓜就是这样的。

幼儿：是丝瓜，丝瓜和黄瓜长得差不多。

有的小朋友回答说是黄瓜，有的小朋友说是丝瓜，还有一部分小朋友犹豫不定。这时我们通过“良心巷”，调动幼儿参与游戏的兴趣。

游戏玩法：说黄瓜的小朋友站成一排，说丝瓜的小朋友站成一排。两排小朋友面对面，不确定是黄瓜还是丝瓜的小朋友站在两排通道的一端闭上眼睛。接下来，两队小朋友分别阐述是黄瓜还是丝瓜的原因，站在通道处的小朋友闭着眼睛从一端走到另一端，聆听两队小朋友的观点。当他走到队尾时，说出自己听到的观点，并说出自己的决定。

教师：它到底是黄瓜还是丝瓜呢？我拿出另一种蔬菜大家对比着看一看。

教师出示黄瓜，幼儿对比观察黄瓜与丝瓜。

2. 展开行动

（1）寻找黄瓜与丝瓜的相同点。

教师：黄瓜与丝瓜长得这么像，他们有哪些相同点呢？

幼儿：它们都是长长的。

幼儿：它们都是绿色的。

（2）寻找黄瓜与丝瓜的不同之处。

教师：请小朋友找一找它们有哪些不同。并将你们的发现记录下来。

幼儿进行对比观察并进行记录，教师巡回指导。

教师：你们有什么发现？

幼儿：我发现黄瓜身上有很多小刺，丝瓜身上有很多纹。

幼儿：我发现丝瓜长，黄瓜短。

将黄瓜与丝瓜剖开（纵切），请幼儿观察它们内部的不同。

教师：从外形上看黄瓜和丝瓜都是长长的。我们从它身体中间切开，它会是什么样子的呢？

幼儿：黄瓜里面有很多小种子，丝瓜没有。

幼儿：丝瓜最中间的果肉（瓜瓤）很软，黄瓜中间摸起来有很多水。

教师：我们直接将黄瓜和丝瓜切成两段，你们观察一下它们有什么特点。

幼儿：黄瓜和丝瓜外面都有一圈绿色的。

幼儿：黄瓜里面有花纹，丝瓜里面是白白的。

（3）集体分享发现，提升探究能力。

教师：刚才大家都在认真地观察，并把自己的发现记录了下来，接下来我们就请小朋友们介绍自己的发现吧，可以说一说，你是用什么方法观察的？有什么发现？其他小朋友要认真听，一会儿你要说出和他不一样的发现。

幼儿：我发现黄瓜上面有很多小刺，丝瓜上面没有。这是我画的小刺，丝瓜没有小刺我就打了个 ×。我还发现了它们两个的颜色也不太一样，黄瓜是深绿色的，丝瓜的颜色浅一点。

教师：真棒！谢谢你的分享，你是怎么发现黄瓜上面的小刺的？

幼儿：看到的，然后又摸了一下，还有点扎扎的感觉。

教师：再次谢谢你的分享，其他小朋友有同样的发现吗？

幼儿：我也发现了，黄瓜摸起来有扎扎的感觉，丝瓜虽然不扎，但皮上也不是特别光滑。

教师：我们一起摸一摸，再来感受一下吧。

幼儿：鼓励幼儿再次拿起丝瓜和黄瓜进行触摸感受。

教师：哪位小朋友有和他们有不一样的发现？

幼儿：黄瓜用手敲一敲，它的声音有点响，很脆的感觉；丝瓜用手敲一敲，声音不是很大。

教师：你先用手敲了敲，又听了听声音，这个探索方式真有创意呀！你是怎么记录声音大小的呢？

幼儿：黄瓜敲出来的声音大我就画了个大喇叭，丝瓜敲出的声音小我就画了个小喇叭。

教师：你记录得很清晰呀！其他小朋友还发现了什么？

幼儿：老师，我发现它们皮上是有花纹的，而且不一样，您看我把它画下来了。

教师：你观察得真仔细，记录得也很清晰。

教师：谁还有不同的发现？我看到有好几组小朋友把黄瓜和丝瓜掰开了，

掰开后你们有不同的发现吗？

幼儿：老师，掰开后我发现它们闻起来的味道不一样，黄瓜有一种很香的味道，像我们班擦手油的味道。

小朋友飞快地跑到外屋拿来擦手油。

幼儿：老师你闻闻，就是这个味道。

教师：嗯嗯，还真像，那你是怎么记录的？

幼儿：我没记录，就是想到了这个擦手油。

教师：也很棒呀，直接在班里找到了你觉得可以代替的物品，这个方法很值得点赞！下次其他小朋友也可以试一试！

教师：除了你们今天刚刚用到的观察方法，还有什么方法可以发现它们的不同吗？

幼儿：还可以尝一尝。

教师：是的，我们还可以尝一尝，这个品尝的任务就是给小朋友们回家的作业。回家和爸爸妈妈一起品尝它们，然后把你的发现记录下来，明天再和大家分享。

3. 结束活动

游戏“黄瓜与丝瓜”。

教师：现在我们玩一个“黄瓜与丝瓜”的游戏，请小朋友们分成两组，当我说开始时，一组小朋友根据自己的意愿，用动作表现观察到的黄瓜或丝瓜特点，另一组小朋友去区分哪些小朋友表现的是黄瓜，哪些小朋友表现的是丝瓜。

活动延伸

幼儿将丝瓜与黄瓜带回家，让爸爸妈妈炒一炒，观察并品尝炒熟的黄瓜与丝瓜有哪些不同。

活动总结

1. 科学方面：（1）选材贴近幼儿的生活，难度把握准确。教师充分考虑到了幼儿的前期经验，选择生活中常见的蔬菜，确保活动难易程度在幼儿的最近发展区内。（2）幼儿通过多感官观察、比较，并动手切开黄瓜直接感知黄瓜与丝瓜的不同特征，满足大班幼儿在科学探索中对事物好奇心的需要。

2. 戏剧方面：游戏化是幼儿学习的基本方式，教师引导幼儿通过肢体动作模仿黄瓜和丝瓜的特点增加了活动的趣味性，同时也激发了幼儿学习的兴趣，在游戏中获得了区分黄瓜和丝瓜的经验。

活动五：认识垃圾分类的标志

活动目标

1. 通过玩配对游戏，了解四种垃圾分类标志的主要特征。

2. 愿意关注身边不同的垃圾标志，有垃圾分类的意识。

活动准备

材料准备：四种仿真的分类垃圾桶模型 1 套，四种垃圾分类标志的大卡片 2 ~ 4 套，四种垃圾分类标志的小卡片每人 1 套。上面有着四种无标志垃圾桶的 A4 纸每人 1 张，不同生活的图片。

经验准备：认识四种颜色的分类垃圾桶、生活中有简单的垃圾分类经验。

活动过程

1. 开始行动

（1）出示四种仿真的分类垃圾桶模型，回顾分类垃圾桶。

教师：上次我们一起调查了幼儿园的垃圾桶，大家还记得四个垃圾桶有什么相同的地方吗？

幼儿：垃圾桶的大小一样。

幼儿：垃圾桶的形状一样。

教师：四个垃圾桶有什么不同的地方呢？

幼儿：它们的颜色不同，有红色、绿色、蓝色、灰色四种。

幼儿：垃圾桶上的标志不同，有三角形、叉号还有漏斗的形状。

（2）玩配对游戏，初步了解四种垃圾分类的标志。

教师：这个（指其他垃圾）标志，应该贴在哪个垃圾桶上呢？

幼儿：好像是蓝色垃圾桶吧，记不清了。

幼儿：不对，应该是灰色垃圾桶。这是其他垃圾。和我们小区的一样。

教师：小朋友在小区或者路上就仔细观察过四种不同垃圾桶的特点，特别细心。这个就是灰色垃圾桶（其他垃圾）的标志。接下来，我们试着给不同垃圾桶分一分类，贴一贴垃圾分类的标志。

（3）幼儿每人1套卡片，将四个标志分别粘贴在A4纸上面那四种垃圾桶上，教师巡回指导。

2. 展开行动

（1）教师与幼儿共同梳理可回收物垃圾标志的典型特征。

教师：可回收物是什么标志呢？它像什么？它贴在哪种颜色的垃圾桶上面？

幼儿：可回收物的标志是三角形。

教师：仔细看这个三角形，它有什么特点？

幼儿：有三个箭头。

教师：是的，三个箭头代表循环，可以再重复利用。生活中的哪些垃圾属于可回收垃圾呢？

幼儿：衣服，纸。

幼儿：还有塑料瓶。

（2）教师与幼儿共同梳理有害垃圾标志的典型特征。

教师：有害垃圾是什么标志呢？它像什么？它贴在哪种颜色的垃圾桶上面？

幼儿：有害垃圾的标志是一个 × 号。

教师：× 号代表什么？

幼儿：× 号表示不可以，不能再用了。

教师：是的，× 号代表着有危害。你知道生活中的什么垃圾属于有害垃圾呢？

幼儿：废旧电池。

幼儿：还有药也是有害垃圾。

教师：是的，过期药品、废旧灯管、过期的化妆品，杀虫剂等都是有害垃圾。大家看到不要轻易去摸。

教师：还有这样一种有害垃圾的标志，大家看看，它上面有什么？

幼儿：有一个叉号，上面还有一片红色的叶子。

教师：是的，这也是有害垃圾的标志。

（3）教师与幼儿共同梳理厨余垃圾标志的典型特征。

教师：厨余垃圾是什么标志呢？它像什么？它贴在哪种颜色的垃圾桶上面？

幼儿：厨余垃圾的标志是两个三角形组合在一起。上面的三角形里面有几个点点。

教师：是的，上面的点点代表食物，流到下面的三角形里，就像沙漏一样！它代表着一些水果皮、剩饭剩菜，可以再次被加工利用。

教师：还有这样一种厨余垃圾的标志，大家看看，它上面有什么？

幼儿：有一根完整的鱼骨头，还有一个苹果核。

教师：这也是我们常见的厨余垃圾的标志。

（4）教师与幼儿共同梳理其他垃圾标志的典型特征。

教师：其他垃圾是什么标志呢？它和哪个垃圾的标志很像？它贴在哪种颜色的垃圾桶上面？

幼儿：其他垃圾的标志也是一个三角形，和可回收物的标志很像。

幼儿：但是它下面多了一个开口。

教师：这就代表其他垃圾不能再循环利用了。

3. 结束行动

情景游戏：垃圾分类。

一部分幼儿选择不同的生活垃圾图片贴在身上，四位幼儿在身上贴上不同垃圾桶的标志。请贴有垃圾图片的幼儿根据教师的指令“走走、跑跑、停停，走走、跑跑、停停，走走、跑跑、垃圾回家。”幼儿根据自己身上的垃圾图片站到相应的贴有垃圾标志图片的小朋友后面。第二轮幼儿互相交换图片，再次游戏。

活动反思：

科学方面：（1）活动的目的是让幼儿了解垃圾分类的标志，通过人手一套垃圾分类标志的游戏材料，使每个幼儿都可以在操作中感知不同的标志，为后续认识不同的垃圾以及将不同垃圾进行分类奠定基础。（2）活动前教师通过日常观察、家园活动等方式丰富幼儿的前期经验，为幼儿此次活动铺垫了一定的相关经验。

戏剧方面：教师在活动结束阶段通过戏剧游戏巩固幼儿在此次活动中建构的经验，支持幼儿不断内化经验。在游戏中教师能够关注到每位幼儿的表现，进行一对一有效指导。打破之前总结环节“说一说”这种单一的总结方式，寓教于乐，幼儿在体验游戏中丰富了垃圾分类的认识。

二、物质科学：融入教育戏剧活动的设计与指导

（一）物质科学和戏剧关键经验

年龄	3 ~ 4 岁	4 ~ 5 岁	5 ~ 6 岁
物质科学关键经验	1. 感知物体和材料具有软硬、光滑和粗糙等特性 2. 在操作中发现液体会流动 3. 感知液体的颜色、味道不同 4. 尝试将不同的液体进行混合	1. 根据物体的特性区分物体 2. 发现物体的性质会影响其运动（如圆球会滚） 3. 发现材料的性质会发生变化（如红色和黄色混合变成橘黄色） 4. 了解物体的特性是可以测量的 5. 认识到液体总是向下流淌的 6. 感知和体验材料具有溶解、传热等性质或用途	1. 感知物体的结构与功能之间存在的关系 2. 发现材料的特性可以通过某种途径进行改变（如加热等） 3. 发现不同材料的特性通过不同的方式可以进行改变 4. 发现材料具有不同的存在形态：固态、液态、气态 5. 使用简单的工具对物体的性质（大小、重量、温度等）等进行测量和比较
戏剧关键经验	1. 能用多种材料进行装扮 2. 能在教师提示下，用动作表现速度、空间 3. 尝试用肢体和声音模仿熟悉的人或动物 4. 能用简单的肢体动作做出简单的造型	1. 知道剧场有一定的规则和礼仪 2. 在教师提示下，能用动作表现速度、空间，表现声音的大小、粗细 3. 尝试用肢体、表情、语言和声音模仿常见的人和动物的形态 4. 能用较为丰富的肢体动作，单人或两两合作做造型	1. 能够选择合适的道具、材料进行创造性装扮 2. 知道剧场规则和礼仪制定的缘由 3. 在教师提示下，能用动作、声音表现细节 4. 能用肢体、表情、语言和声音模仿事物的动态过程，较为细腻地把握细节 5. 用肢体、表情、辅助材料进行多人合作造型

（二）小班活动案例

活动一：巧取南瓜籽

活动目标

1. 动手探索不同工具的不同用途，了解取南瓜籽的方法。

2. 通过实验大胆验证自己的想法，在教师的提示下能够简单想象与描画角色的外貌与行为特征。

3. 在探索过程中能够感到兴奋满足，乐于参与想象扮演游戏。

活动准备

1. 材料准备：南瓜（南瓜蒂的部分切除，留入口供幼儿取籽）每人一个，长勺子，短勺子，叉子，镊子，小碗每人一个，森林音乐会背景音乐，动物头饰每人一个。

2. 经验准备：生活中吃过南瓜。

活动重点难点

1. 活动重点：能够自己动手取出南瓜籽。

2. 活动难点：两只手协调配合并合理利用工具。

活动过程

1. 决定行动

播放森林音乐会背景音乐，幼儿头戴喜欢的动物头饰入场。

教师：小朋友们，你们喜欢什么小动物？小动物是什么样的？

幼儿：我喜欢小白兔，一蹦又一跳。

幼儿：我喜欢老虎，嗷呜。

教师：现在我们就变成自己喜欢的小动物吧，巴拉巴拉变！

幼儿扮演自己选择的动物，做造型。

教师：小动物们，今天我们要吃南瓜大餐。看一看，我们有这么多的南瓜呢。

幼儿：南瓜还没煮熟，不能吃。

幼儿：南瓜要切开煮。

教师：大家发现南瓜是生的，想要煮一煮，那么南瓜里面有什么呢？

教师出示切开的南瓜，引出活动。

幼儿：里面有好多白白的籽儿。

幼儿：南瓜的籽是不能吃的。

幼儿：还有很多丝，缠在一起。

教师：我们要吃南瓜的话，得先去掉籽。我这里有去了籽的南瓜，猜猜看，我是怎么把籽取出来的。

幼儿：可以用手把南瓜籽取出来。

幼儿：用勺子把它挖出来。

教师：小动物们，我们试一试吧，看谁取南瓜籽又快又干净。

幼儿取南瓜籽，教师巡回指导，关注个别幼儿的操作行为，及时给予正确的引导。

2. 展开行动

（1）幼儿第一次尝试徒手取出南瓜籽。

教师：用手取南瓜籽是什么感觉呀？取出来了吗？有什么困难吗？

幼儿：手上黏黏的。

幼儿：我取出来了好多，但是有的丝拽不下来。

教师：有没有更好的方法？

幼儿：可以再仔细一点、用力一点。

幼儿：可以用勺子一点一点挖出来。

幼儿：对，我奶奶经常把他切开，再把南瓜籽挖出来。

（2）认识工具，引导幼儿观察工具的差异。

教师：我给小动物们准备了一些工具，我们一起来看看吧。

教师：看看谁能用这些工具能把南瓜籽挖得最干净（出示挖干净籽的南瓜）。

鼓励幼儿继续取南瓜籽，教师观察幼儿的操作，巡回指导。

教师：你觉得工具好用吗？如果使用起来不顺手，可以换一个工具试试。

幼儿：我觉得用工具比用手方便。

幼儿：我感觉镊子不太好用，我手都累了。

教师：看看其他小朋友怎么挖的，你也来试一试。

幼儿：老师，我拿勺子把它取出来了。

教师：是长勺子还是短勺子呢？

幼儿：长勺子。

幼儿：老师，用叉子也可以把它的丝取出来。

幼儿：老师，这个镊子不好用。

幼儿：我觉得长勺子最好用了，一下就能取出好多来。

幼儿：我也喜欢用长勺子。

3. 结束行动

扮演游戏“南瓜籽找妈妈”。

教师：小动物们，我们把南瓜籽掏干净了，隔壁村的动物们觉得我们好厉害啊，他们想知道我们是怎么把南瓜籽掏干净的，我们给他们演示看看吧。

教师戴上南瓜头饰：老师是大南瓜，小朋友们可以变成南瓜籽宝宝，也可以变成勺子或者叉子，我们一起来告诉隔壁村的动物们是怎么吃到美味的大南瓜的。

教师：我是大南瓜，谁是我的南瓜籽宝宝？

教师：哪位小朋友变成了勺子？你是怎样把籽取出来的？

教师：哪位小朋友变成了叉子？你是怎样做的？

幼儿根据教师的提示语来变换操作方式，梳理活动经验。

活动延伸

1. 教师将幼儿探索的过程状态分享给家长，说明游戏的价值，让家长了解幼儿的能力和成长关键点，引导家长在家中鼓励幼儿积极探索，将课堂经验迁移到生活中，帮家长做力所能及的事。

2. 南瓜浑身都是宝，可以在区角投放相关的书籍、材料等，供幼儿继续探索。也可以让幼儿将南瓜籽带回家，和家长一起调查南瓜籽的作用和其他用途。

活动总结

1. 科学方面：（1）活动过程围绕活动目标有序开展，环环相扣。幼儿在尝试取、实践取、取出的过程中能够积极描述南瓜的特征，用描述性词汇对观察经验进行讨论分享，提取已有经验进行描述和比较。（2）丰富多样的工具激发幼儿主动探究的兴趣。活动中教师提供了镊子、叉子、长短不一的勺子等，幼儿在一次又一次挖南瓜籽的过程中获得取南瓜籽的经验，如镊子方便取出长条的丝，长勺子方便取出籽，幼儿在游戏中体验到使用工具的便捷之处。

2. 戏剧方面：有趣的情境设置，感知游戏的乐趣。活动初教师通过造型游戏，借助情景激发幼儿持续进行游戏，教师以自己是大南瓜，小动物们可以变身勺子、镊子、叉子等参与到幼儿的游戏中，在与幼儿展开互动的过程中，帮助幼儿发展和呈现想象情境，梳理挖南瓜籽的活动经验。

活动二：弹跳的小青蛙

活动目标

1. 感知发现小青蛙弹跳的原理——磁铁同性相斥、异性相吸。

2. 在实验操作和戏剧游戏中能大胆表达发现的小青蛙弹跳秘密，尝试模仿小青蛙的形态。

3. 喜欢玩小青蛙弹跳，乐于参与戏剧游戏。

活动准备

1. 材料准备：粘有磁铁的小青蛙，红蓝长条磁铁，红蓝贴贴，音乐《我是一只小跳蛙》《找朋友》。

2. 经验准备：幼儿玩过磁铁玩具。

活动重点难点

活动重点：感知发现小青蛙前进的原理——磁铁同性相斥，异性相吸。

活动难点：在实验操作和戏剧游戏中能大胆表达所发现的小青蛙前进的秘密。

活动过程

1. 决定行动

播放背景音乐《我是一只小跳蛙》，幼儿和教师头戴青蛙头饰（或者贴青蛙标志），一起模仿小青蛙随音乐律动游戏。

教师（出示磁铁小青蛙）：我有一只小青蛙，这只小青蛙身上有什么？大家认识吗？

幼儿：有磁铁。

教师：这是磁铁。小朋友摸一摸，看一看磁铁是什么样子的？

幼儿：硬硬的。

幼儿：有点重，像石头。

2. 展开行动

（1）幼儿猜想。

教师：现在我把小青蛙放在桌子上，不用手碰它，它就可以向前走，大家信不信？

幼儿：不信。

教师一只手拿着磁铁，另一只手挡在磁铁前面，保证幼儿看不到手中的磁铁。

教师：那大家睁开眼睛仔细看哦。

教师利用磁铁同性相斥的原理，将磁铁靠近小青蛙，让小青蛙向前走动。

教师：大家猜一猜，我是怎么做到的。

幼儿：老师有魔法。

幼儿：小青蛙听老师的话，让它走它就走。

幼儿：老师手里有指挥的（东西）。

幼儿：有磁铁，我看到了。

教师出示磁铁，为幼儿揭开谜题。

教师：有小朋友猜对了，老师手里也有一块磁铁。这块磁铁靠近小青蛙，就有可能让青蛙走起来。大家想不想试一试？

（2）幼儿操作，发现磁铁有两极。

教师为幼儿发放材料，每人一只磁铁小青蛙，一块红蓝色长条磁铁。幼儿尝试用磁铁靠近小青蛙，看有什么情况发生。

教师：你的小青蛙向前走了吗？

幼儿：我的青蛙和磁铁“粘”在一起了。

幼儿：我的青蛙向前走了。

幼儿：我的也可以。要换一下（磁铁的位置）就行了。

幼儿：我的小青蛙有时能前进，有时也“粘”在一起。

3. 结束行动

（1）科学小结。

教师：小青蛙什么时候前进？什么时候会和手里的磁铁吸在一起呢？

幼儿：红色这边（靠近青蛙）小青蛙前进，蓝色这边（靠近青蛙）青蛙就会吸在一起。

教师小结：因为磁铁有两极，两块磁铁同极放在一起就会互相推来推去，小青蛙就被推着向前走，异极在一起就会吸在一起。

（2）戏剧游戏：找朋友。

播放音乐《找朋友》，幼儿贴有红蓝颜色贴贴，代表磁铁两极。音乐响起在活动场地自由走动，当音乐停止时，幼儿根据同性相斥异性相吸的方式找到不一样颜色的小青蛙拉手，当找到的是一样颜色的需要立即分开。

活动延伸

1. 在区域中投放磁力小青蛙材料，引导幼儿持续探究磁力游戏，感知磁铁同性相斥异性相吸的特征。

2. 与家长分享幼儿探究磁铁游戏的过程，鼓励幼儿在家中寻找磁铁的好朋友，迁移活动经验，丰富相关科学知识。

活动总结

1. 科学方面：（1）尊重幼儿的主体性，活动之初没有将原理直接告知幼儿，而是通过层层递进的环节引导幼儿自主发现磁铁的秘密。（2）抽象的科学理论在实际操作中获得。幼儿经过初步猜测后，大胆进行验证，在玩一玩、做一做、说一说的过程中反复的实践，知道了小红、小蓝是好朋友会吸在一起，小蓝和小蓝在一起会跳起来的原理，发现了磁铁独有特性：同性相斥、异性相吸。

2. 戏剧方面：（1）在有趣的情境中感知青蛙跳的原理。教师通过角色代入的方式设置小青蛙跳起来的游戏任务，幼儿通过仔细观察和大胆尝试，用肢体动作模仿小青蛙跳起来的形态，并在实验中了解到青蛙跳的原理，激发幼儿持续探究青蛙跳的动力。（2）游戏化的教学活动符合小班幼儿的年龄特点，在活动中幼儿通过亲身体验、实际操作帮助小青蛙找到了好朋友，并能用简单的肢体动作做出简单的青蛙造型，丰富了幼儿对于青蛙和磁铁的认知。

活动三：神奇的罐子

活动目标

1. 感知、听辨各种物体在罐中被撞击发出的不同声音。

2. 能简单地想象，并描画勇士的行为特征，学习运用耳朵听辨不同的声音，在教师提示下能用动作表现声音。

3. 乐于参加探索活动，初步体会扮演的快乐。

活动准备

1. 材料准备：分别装有小石子、沙子、黄豆、纸团、棉花的铁罐子若干（如八宝粥罐、茶叶罐等，装好封口，贴上不同颜色的即时贴），小石子，沙子，黄豆，纸团，棉花贴画每人一份，提前录好的音频、勇士徽章。

2. 经验准备：幼儿认识罐子内的物品。

活动重点难点

活动重点：感知分辨罐中被撞击发出的不同声音。

活动难点：用动作表达自己的发现。

活动过程

1. 决定行动

教师出示罐子，引导幼儿佩戴勇士徽章变身小勇士。

教师：小朋友们，戴好勇士徽章了吗？我们准备变身勇士了，勇士是什么样的造型，我们先想一想，等我说“勇士勇士快变身”，我们就要变身成勇士了。

幼儿在教师的指令中变身成勇士。

幼儿：我是最厉害的勇士。

幼儿：我是大力士勇士。

幼儿：我是奥特曼勇士。

教师播放录音并出示罐子。

录音：哈哈哈，亲爱的小勇士们，我是女巫。我用铁罐子封住了很多的小宝贝，需要你们猜出这些宝贝。如果你们成功猜出这些宝贝，就能救出它们，它们会和你们一起快乐舞蹈，你们想要拯救这些宝贝吗？

幼儿：好可怕的女巫，我要拯救它们。

幼儿：我要拯救它们。

教师：小勇士们，女巫需要我们做什么呢？我们需要把对应的图片贴在罐子上，贴正确了女巫就会放出这些宝贝，你们想要试一试吗？请你戴上徽章去拯救小宝贝们吧！

教师：注意铁罐子被封起来了，小勇士用眼睛看不到，所以请你们想一想还可以用哪些方法？

幼儿：听一听声音。

幼儿：闻一闻味道。

2. 展开行动

（1）幼儿自主探索。

教师：摇一摇，听到了什么？是什么样的声音呢？猜一猜里面装了什么，请你把对应的贴画贴上去吧！

幼儿：有铃铃铃的声音。

教师：可以用动作表现吗？

幼儿摇晃着脑袋，嘴巴里发出铃铃铃的声音；也有的幼儿做出触电抖动状表示铃铃铃的声音。

幼儿：它的声音好像石头一样。

教师：你想用什么动作表现它呢？

幼儿：我来跺跺脚。

幼儿：我的小手变成小拳头，砰砰砰落在桌子上。

教师：你们用这么多的方法表示石头的声音，真不错！

幼儿：它的声音沙沙沙的，像是黄豆。

教师：沙沙沙的黄豆是什么样子的？你能用动作表现一下吗？

幼儿：老师，看我跑得快吗？

教师：你跑得很快，是在模仿沙沙沙的黄豆吗？

幼儿：对呀，黄豆就是沙沙沙，很快的啊。

幼儿：老师，我这样也是沙沙沙的（幼儿边说边摩擦地板）。

幼儿用小脚快速地摩擦地板、轻踩地板，以及快速跑来表示沙沙沙的黄豆。

幼儿：这个罐子没有声音。

幼儿：有声音，你听我这个，靠近耳朵仔细听。

教师：你听到了什么？可以把对应的贴画贴上。

幼儿一边操作一边贴上对应的物品贴画。

（2）集体听声猜一猜

教师：我们一起来验证小勇士们都猜对了吗？

教师和幼儿一起听声音后打开罐子进行验证，幼儿对照自己贴的即时贴看是否正确。

录音：小勇士们，你们真棒啊！猜出来了这些宝贝，你们成功了，请你们和这些宝贝们一起欢乐地舞蹈吧！我回去继续修炼我的魔法了。

3. 结束行动

音乐游戏“欢乐的庆祝”。

教师：小勇士们，你们成功救出了这些宝贝，它们很开心，想要和你们一起歌唱，我们拿着宝贝罐子欢乐地动起来吧！

教师与幼儿一同摇罐子，跟着旋律摇摆跳舞，在音乐中感受不同的物品发出来的声音，完成一首欢快的打击乐。

活动延伸

1. 教师通过视频、图片的方式将幼儿的活动过程推送至家长群中，介绍游戏的玩法和内在价值，鼓励幼儿在家中寻找生活中可用的材料放进罐子里，制作成乐器在班级中分享。

2. 教师将幼儿自制的罐子乐器在班级中分享后投放到表演区中，幼儿可在表演区中继续玩音乐游戏“欢乐的庆祝”。

活动总结

1. 科学方面：目标和教学活动设计符合幼儿的年龄特点。教师鼓励幼儿运用多种感官猜测罐子里的物体，幼儿根据自己的猜测寻找答案，将猜测结果呈现在视觉中，有物可依，在验证时幼儿更加有针对性。

2. 戏剧方面：神秘且有趣的教学活动激发幼儿想要拯救罐子里宝贝的欲望。教师通过造型游戏、角色代入和控制游戏等，使得幼儿对罐子里不同的声音进行多种简单肢体动作的表现，幼儿自然而然的对声音有了深入的了解。

活动四：镜子花园

活动目标

1. 感知体验光的反射原理。

2. 能够通过语言、动作表达自己的发现，初步尝试两两合作做出造型。

3. 喜欢参加探索活动，愿意与同伴一起将自己的发现用造型表现出来。

活动准备

1. 材料准备：镜子，蝴蝶，花朵，瓢虫纸卡（1 张），空镜框，勇士徽章（若干）。

2. 经验准备：玩过镜子，知道镜子可以成像。

活动重点难点

活动重点：感知体验光的反射现象。

活动难点：能够通过动作拼摆造型。

活动过程

1. 决定行动

教师扮演女魔法师，创设戏剧情境激发幼儿兴趣。

教师：小朋友们，大家好，我是魔法王国的女魔法师（假装大哭）。

幼儿：魔法师你为什么哭呀？

幼儿：你怎么了？

教师：我遇到了一个麻烦，我的蝴蝶、花朵、瓢虫的另一半都不见了，我把它们弄丢了，找不到它们了，你们可以帮帮我吗？

幼儿：你别哭了，我帮助你。

教师：我这里只有镜子，你们能用这个来想办法吗？

幼儿：镜子照一照每一个地方，看一看它的另一半藏在哪里了。

幼儿：拿镜子照一照就出现一样的了。

教师：真神奇，我们一起来试试吧。

2. 展开行动

教师继续当女魔法师，幼儿变身勇士，发现成功的秘密。

教师：小朋友们，魔法师要把你们变成小勇士了，准备好了吗？

幼儿：准备好了。

教师：小勇士们，你们找到蝴蝶、花朵、瓢虫了吗？是怎样利用魔法镜子找到它的另一半的？请你仔细看，镜子里的图案和你手中的图案一样吗？

教师引导幼儿仔细观察镜子里的镜像效果。通过调整镜子角度感知镜像的不同。

幼儿：我找到了。你看把花朵立在镜子上，镜子里就有了它的另一半，它们连在一起了。

教师：你们发现镜子里的花朵和我们手中的花朵有什么不同呢？

幼儿：它们是合在一起的。

幼儿：它们是相反的。

教师小结：光通过反射将物体呈现到镜子里，镜子里的物体和实际的是相对的。

3. 结束行动

教师：小勇士们，你们成功地帮助了我，我可以把你们变成你们喜欢的人。

幼儿：我想变白雪公主。

教师：巴拉巴拉变，白雪公主出来了。尊敬的白雪公主，你好啊。

幼儿：魔法师，你好。

教师：哪位小勇士想变成镜子里的白雪公主呢？

幼儿：我想要。

教师：巴拉巴拉变，你变成白雪公主，我变成镜子了。白雪公主正在照镜子，发现镜子里有个和自己一样的人，她做什么，镜子里的人就做什么。

两位变成白雪公主的小朋友玩照镜子的游戏。

教师：白雪公主发现了镜子里的人和自己是一样的，但是方向是相对的。白雪公主可以在镜子里做出各种各样的动作。我们来试试吧。

教师引导幼儿根据镜子的反射原理做出相同的动作，拼摆出造型。

活动延伸

1. 为了更深入地进行游戏帮助幼儿理解“光的反射”这一现象，将镂空图片（蝴蝶、小草等）贴到镜子上，幼儿通过摆弄手电筒，寻找光斑到桌子上、墙上的反射现象。

2. 利用万花筒，让孩子们感受反射现象。

活动总结

1. 科学方面：本活动蕴涵了物质科学领域中光的反射这一物理现象。在整个过程中教师通过问题情境引出活动，鼓励幼儿尝试使用镜子解决问题。幼儿在操作过程中发现镜像效果。利用镜像效果解决了物体只有“一半”的问题。整个过程中幼儿在充分的互动、观察、探索中通过调整镜子角度，发现不同角度呈现不同的镜像效果，并用镜像效果解决遇到的问题。

2. 戏剧方面：此活动充分运用了教师入戏的策略，以女魔法师的身份参与到了幼儿的游戏中，帮助幼儿拓展想象，利用问题情境激发探究欲望。教师把握幼儿年龄特点，将想象游戏融合到科学活动中，指向幼儿内心世界，将比较抽象的“光的反射”代入教育戏剧来让孩子容易习得。

活动五：纸风车

活动目标

1. 初步了解纸风车转动的速度和风力有关系。

2. 通过制作、体验等游戏感受纸风车转动的原理，用肢体动作表现风车的转动情况。

3. 愿意分享自己的发现，感受表现的快乐。

活动准备

1. 材料准备：制作风车的材料（纸、剪刀、扭扭棒、铅笔等），制作好的四叶风车。

2. 经验准备：教师和幼儿一起玩过“大风吹”的游戏，知道风车会转动。

活动重点难点

1. 活动重点：通过不同的形式感受并表达纸风车转动的原理。

2. 活动难点：能够大胆探究风车转动的不同方法，愿意参与到不同表演活动中。

活动过程

1. 决定行动

教师出示风车图片请幼儿观察，并说出是什么。

幼儿：风车。

教师：老师这儿有一个大的风车，你们能让风车转起来吗？谁想试一试？

有的幼儿对着“风车”使劲吹气，有的幼儿拿着“风车”转了一圈，有的幼儿拉着“风车”跑起来，还有幼儿把手举得高高的，让“风车”更高一些。

教师：小朋友想到很多让风车转起来的方法，你喜欢哪种方法？说一说理由。

幼儿：我喜欢使劲吹风车，因为我以前就试过这个方法。

幼儿：我以前拿着风车，它就可以转起来。

教师：为什么拿着风车，风车就会转起来呢？

幼儿：因为有风，刮风的时候，风车就会自己转起来。

风车好不好玩？让我们一起动手制作一个吧。

2. 展开行动

操作探究，教师指导幼儿进行制作。

（1）取出四叶风车纸，用剪刀沿线剪开。

（2）依次将四叶中的一角折向中间，用胶棒粘好。

（3）用扭扭棒穿过风车中心固定在铅笔上。

风车制作好后，带幼儿到户外场地，引导幼儿尝试用不同的方法让风车转起来。

教师：小朋友们用什么方法让纸风车转起来的？

幼儿：我用手一拨。

幼儿：拿着风车跑。

幼儿：我拿着风车转了一圈。

幼儿：我把风车使劲一甩，风车也转了。

教师：为什么很多小朋友举着风车，风车也会转起来呢？

幼儿：因为有风。

教师：怎么让风车转得更快呢？

幼儿：大风可以让风车转得更快。

幼儿：跑得快一点，风车也转得快。

3. 结束行动

教师：小朋友们自愿变成风、风车、小树、石头（用动作表现出来）。一起玩游戏“风和它的朋友”好吗？

教师描述，孩子们做动作。风妈妈说：“为了安全，宝贝们要慢慢跑啊。”于是风宝宝们慢慢跑起来（引导幼儿用音效模仿小风），风宝宝穿过树林，小树会有什么变化？风宝宝慢慢跑到风车旁，风车会有什么变化？风宝宝越跑越开心，它跑得越来越快变成了大风，这时我们用什么声音？这时风车会有什么变化呢？风妈妈说：“孩子们回家啦。”于是风宝宝安静下来，和小树、风车等朋友说完再见回家去了。风宝宝走了，风车会有什么变化呢？

根据游戏过程，幼儿交流经验。

活动延伸

1. 进行风车比赛。让孩子们发挥创造力，用自己的方式进行风车比赛。

2. 准备塑料袋，在有风的天气带孩子们到户外，收集风，观察塑料袋的变化，感受风的特征。

活动总结

1. 科学方面：（1）在活动中，幼儿体验了风车的制作过程，了解纸风车转动的速度和风力有关系。并且在体验操作中、在个人经验的基础之上构建了科学概念，感知了风车在不同环境下的转动快慢情况——风大转得快，风小转得慢。（2）充分调动幼儿的先前经验，激发幼儿的科学思考能力，并对幼儿的猜想加以关注和引导，让幼儿自己动手制作风车，自己寻找让风车转动起来的方法。

2. 戏剧方面：教师巧妙地在后续的戏剧表现中采用了音效策略，引导幼儿用音效模仿小风的声音，后续风变大又变成大风的声音，用了类型化的声音伴随动作以描述风吹的特征。

（三）中班活动案例

活动一：传递声音

活动目标

1. 知道物体振动产生声音，初步了解声音的特性。

2. 通过细致观察和动手操作，发现物体振动产生声音的有趣现象。能用肢体模仿声波的动态过程，并较为细腻地把握声波抖动的细节。

3. 对振动产生声音的现象感兴趣，感受肢体模仿游戏的快乐。

活动准备

1. 材料准备：鼓，鼓槌，耳朵头饰，小老鼠头饰，大鼓和鼓槌头饰等。

2. 经验准备：幼儿在生活中见过水波。

活动重点难点

1. 活动重点：发现物体振动产生声音的有趣现象。

2. 活动难点：通过肢体模仿尝试理解物体振动产生声音的现象。

活动过程

1. 决定行动

（1）戏剧游戏：动作传送带。

教师和幼儿围成大圈，进入传真机情境中，教师执行一个动作并传输到“传真机”中，教师旁边的幼儿接收传真动作，再做出与教师一样的动作，随后再将该动作传输给下一名幼儿，依次进行，传至最后一名幼儿，游戏结束。

（2）戏剧情境导入。

教师扮演主人。

教师：小朋友们，大家好，我是这个屋子的主人。今天有一只小老鼠想偷吃蛋糕被我发现了，你们知道它是怎么被我发现的吗？原来是这只小老鼠碰到鼓，我听到声音就发现了，这声音是怎么来的呢？

幼儿：脚踩到鼓了，就会发出声音。

幼儿：脚把能量传到鼓了。

幼儿：脚的力气大，让鼓响了。

教师继续扮演主人，将桌子变成主人的家。

教师：你们看，我的家里有什么？

幼儿：鼓和一根棍。

幼儿：那叫鼓槌。

幼儿：好想去敲一敲。

2. 展开行动

教师继续扮演主人，幼儿扮演偷吃东西的小老鼠。

教师：贪吃的小老鼠又跑到我家了，它是不是要敲我家的鼓啊？

幼儿扮演小老鼠，做小老鼠的动作，在桌子旁敲鼓。

教师扮演小老鼠：同伴们，这鼓好好玩啊，你们用鼓槌敲鼓的时候，发现鼓有什么变化吗？

幼儿：鼓在抖。

幼儿：鼓在振动。

幼儿：鼓皮在跳。

教师小结：用鼓槌敲鼓的时候，鼓皮振动。

教师继续扮演小老鼠：鼓振动了，接着发生什么呢？

幼儿：不停地抖。

幼儿：听到声音了。

教师小结：当鼓振动时，产生声波，声波传到人的耳朵里，人就听到声音了。

3. 结束行动

（1）模仿游戏——声波传递。

教师戴上鼓槌头饰，幼儿自荐或集体推荐两名幼儿，分别戴上大鼓和耳朵头饰扮演大鼓和耳朵，其他幼儿扮演声波。扮演鼓槌的教师轻轻敲一下“大鼓”，“大鼓”开始“振动”，扮演声波的幼儿模仿波纹的动作，以大鼓为起点，向“耳朵”跑去。教师提示“大鼓”停止振动，当“大鼓”停止振动时，扮演声波的幼儿蹲下或藏起来。

（2）教师小结。

教师：当鼓槌敲鼓的时候，鼓皮振动，产生声波，声波传入耳朵中，我们就听到声音了。鼓皮不振动时，没有声波进入耳朵，我们就听不到声音。我们的耳朵是怎么听到声音的呢？是因为我们的耳朵里有鼓膜，鼓膜遇到声波振动，就让我们听到声音了。

活动延伸

1. 寻找身边其他可以产生声音的材料，并和其他小朋友分享。

2. 和爸爸妈妈一起查阅相关资料，进一步了解声音产生的原理。

活动总结

1. 科学方面：在活动中，让幼儿与材料充分互动，激发兴趣，同时自主感受声音传递的魅力，教师和幼儿一起发现震动产生声音的秘密。关于振动产生声音的秘密是幼儿通过与不同材料互动发现的，虽然活动不强调幼儿的概念理解，但是通过感知、体验，幼儿能建立起相关的朴素理论。

2. 戏剧方面：教师通过戏剧情境的创设、戏剧扮演活动以及模仿声波传递的戏剧游戏，帮助幼儿在游戏中了解声音传递的原理，掌握了关键经验。

活动二：静电作用大

活动目标

1. 感知铅笔带动纸花，气球贴在墙上与摩擦起电有关系。

2. 知道静电产生的部分原因，尝试用肢体动作模仿纸花、气球的变化。

3. 乐于探索和摩擦起电有关的科学活动，并从中体验到快乐。

活动准备

材料准备：铅笔 1 根，材料（纸花、牙签、泡沫垫、气球）每人 1 份。

经验准备：幼儿在生活中接触过静电，对静电有初步经验。

活动重点难点

活动重点：感知铅笔带动纸花，气球贴在墙上与摩擦起电有关系。

活动难点：知道静电产生的部分原因，尝试用肢体动作模仿纸花、气球的变化。

活动过程

1. 决定行动

（1）戏剧游戏——控制游戏。

教师打扮成魔法师：小朋友大家好，我是魔法师！今天魔法王国又有魔术表演啦，小朋友想不想看魔术、学魔术？请大家坐好魔法列车，我们一起去魔法世界啦。

请小朋友跟随教师的指令做动作。

教师：魔法列车出发啦，上山（幼儿做站起的动作），下坡（幼儿做坐下的动作），向左转（幼儿身体向左倾斜），向右转（幼儿身体向右倾斜），刹车。

（2）导入活动。

教师：欢迎大家来到魔法世界，今天表演精彩的魔术，一起看看这个魔术需要的东西。

教师出示材料，请幼儿仔细观察。

教师：请大家想一想，怎样让小花转起来呢？

幼儿：吹一下，小花就转动了。

幼儿：用手转一转。

教师：看我来变魔术。

教师用铅笔摩擦自己的衣服或头发，然后把铅笔竖放在小花的旁边，注意不要让铅笔挨着小花，移动铅笔，让小花跟着动起来。

教师：小朋友，这个魔术精彩吗？

幼儿：精彩。

教师：你们想学吗?

幼儿：想。

2. 展开行动

（1）纸花转动。

幼儿自己动手组装游戏材料，并尝试让小花转起来。

材料组装步骤如下：把牙签的一头插进泡沫底座的中心处；把彩纸对折后再对折，展开，就折成了一朵小花；将小花轻轻地搭放在牙签的另一头，仔细观察，小花在牙签上就可以转动起来。

（2）听话的气球。

教师：刚才小朋友玩了如何让纸花转起来，现在还有一个贴气球的小实验在等着我们呢。

教师请幼儿取出气球，指导幼儿按以下步骤操作：请小朋友用气球在头发上轻轻摩擦，一定要连续摩擦 20 次。然后把气球贴在墙面上，会发生什么?

幼儿操作并观察。

教师：小朋友们有什么发现吗?

幼儿：我发现气球被墙面粘住了，好神奇呀!

幼儿：摩擦的时候气球还把我的头发吸住了，头发都乱了。

幼儿：气球粘在了墙上。

3. 结束行动

（1）戏剧游戏——模仿游戏。

教师：小朋友，请你说一说在游戏中有什么发现?

教师模仿铅笔，幼儿模仿小花，教师和幼儿通过游戏一起表演摩擦起电现象。

教师：小花为什么转起来了?气球为什么会贴在墙上?

幼儿：因为小花被施了魔法，所以会转。

幼儿：气球摩擦会产生电，所以会被吸住。

幼儿：气球在头发上摩擦，会产生静电。

幼儿思考并充分表达。

（2）介绍科学原理。

教师：小朋友都说得对，这是因为铅笔与衣服或头发摩擦后，产生了静电。如果把带静电的铅笔放到小花旁边，静电产生的一股吸引力，就会吸引着小花跟着铅笔转动起来。

活动延伸

1. 可以向爸爸妈妈展示小花转动和听话的气球游戏。

2. 和爸爸妈妈一起发现身边哪些事物会产生静电现象。

活动总结

1. 科学方面：（1）活动准备比较充分，材料方面非常丰富，包括了幼儿生活中常见的物品如纸花、铅笔、牙签、泡沫垫、气球，同时材料的结构性低，幼儿的探索空间更大。（2）经验方面，教师充分考虑幼儿的前期经验，确保活动内容在幼儿的最近发展区内。幼儿充分感知、动手操作、亲身体验，关于摩擦生电的秘密是幼儿通过与不同物品互动发现的，通过玩纸花转动和贴气球的游戏，让幼儿感知摩擦能够产生静电的原理，最后再介绍背后的科学原理。

2. 戏剧方面：（1）游戏化教学的方式更适合幼儿的年龄特点，教师通过戏剧情境的创设、戏剧扮演活动以及摩擦起电的戏剧游戏，寓教于乐，增加活动的趣味性，同时也能提升幼儿的参与性，幼儿的学习方式是以游戏为主，游戏的教学方式更利于幼儿的学习。（2）将抽象的科学经验具象化，摩擦起电的科学概念很抽象，不便于幼儿的理解，但是通过在戏剧情境中的动手操作、直接感知以及摩擦起电的戏剧游戏，摩擦起电的原理与生活经验相结合，帮助幼儿更好地理解。

活动三：分离游戏

活动目标

1. 能在游戏中发现不同材料的特性。

2. 能使用合适的工具完成任务，能在多人游戏中用肢体动作表达发现，能根据教师提供的材料进行角色扮演。

3. 积极思考、操作，感受在戏剧游戏中探索与表达的快乐。

活动准备

1. 材料准备：勺子、叉子、筷子、漏勺、筛子、小筐、托盘各若干，黄豆、小米、花生（黄豆和小米混合在一起，花生、黄豆和小米混合在一起），厨师帽。

2. 经验准备：幼儿认识并使用过常见的工具，如勺子、漏勺。

活动重点难点

活动重点：能在游戏中发现不同材料的特性。

活动难点：能使用合适的工具完成任务，能在多人游戏中用肢体动作表达发现，能根据教师提供的材料进行角色扮演。

活动过程

1. 决定行动

（1）扮演入戏。

教师：小朋友们，今天我们要化身小厨师，你们愿意吗？

幼儿：愿意（教师引导幼儿戴上厨师帽）。

教师：小厨师们，今天我们食堂遇到了一个困难：食堂里的小米和黄豆不小心混在了一起。你们愿意帮忙把它们分开吗？

（2）观察、认知。

教师出示两种物品，请幼儿观察它们的大小、形状和外部特征。

教师：请小厨师们观察混合材料，并说一说怎么才能把它们分开。

幼儿：可以把黄豆和小米捡到两个碗里。

幼儿：可以把黄豆拣出来，剩下的就是小米。

幼儿：可以用勺子把黄豆舀出来。

幼儿：可以借助其他的工具，我见过奶奶用筛子把小颗粒筛下去。

2. 展开行动

（1）教师出示工具，请幼儿观察，并说一说它们的作用。

小朋友们发表自己的看法，说出工具的名称和作用。

幼儿（指着漏勺）：这是漏勺。

幼儿：这是勺子。

教师：它们有什么不一样？

幼儿：漏勺上面有孔，勺子上面没孔。

幼儿：那个工具就是筛子。

根据此方法，教师与幼儿一起认识工具，调动幼儿关于此类工具的前期经验。

（2）小朋友扮作小厨师进行分离游戏。

每位幼儿取一份混合的黄豆与小米，自选工具探索分离的方法。教师巡回指导。

幼儿1：我第一次先用了勺子尝试将小米、黄豆分离，尝试后发现勺子舀出的既有小米又有黄豆。然后尝试使用筷子将黄豆取出，因为黄豆太滑，试了几次都没有成功。最后换成漏勺，舀了一勺后发现小米从漏勺漏出，黄豆留在漏勺上。

幼儿2：在开始环节选择了筷子，用筷子夹了几粒黄豆后，发现旁边小朋友使用小孔筐成功地将黄豆和小米分离后，也选择了同样的小孔筐进行尝试。

幼儿3：直接拿筛子把小米筛下去。

（3）总结分离小米、黄豆的方法。

教师：我们的混合物辨别大师都很有办法，请大家说一说用什么方法把小米和黄豆分开？

幼儿：我用了两个带孔的筐。

教师：有什么不一样的发现？

幼儿：大孔筐不好，会把黄豆和小米都漏下去；小孔筐好，只把小米漏下去了。

教师：谁还有不一样的方法？

幼儿：我用了勺子，长的漏勺可以把小米漏下去，短的漏勺不能。

教师：为什么呢？

幼儿：短漏勺的孔太小了。

教师总结：在分离小米和黄豆时，寻找的漏筐或漏勺的孔要比小米大，比黄豆小，才可以将黄豆和小米分离。

教师记录幼儿的方法。

（4）对花生、黄豆和小米三种混合物进行分离。

教师：老师这里还有一个挑战游戏，各位分离师想不想试一试（教师出示材料）？

教师：你计划用什么方法将花生、黄豆和小米分开呢？

幼儿：我想用小孔筐先把小米分出来，再把花生拣出来，最后剩下的就是黄豆了。

幼儿：我想用大孔筐把花生分出来，再用漏勺把黄豆分出来，剩下的就是小米了。

教师：请大家试一试不同的方法，看哪种方法能快速将三种混合物分开。

3. 结束行动

戏剧游戏——模仿游戏。

幼儿分两组，一组扮演粮食，另一组与教师一起围成圆圈，拉直双臂扮演小孔筛子，扮演小米的小朋友从圈里钻出。围成的圆圈扩大，扮演中孔筛子和扮演黄豆的小朋友从圈里钻出。圆圈再扩大，扮演花生的小朋友从圈中钻出来。

活动延伸

1. 告诉爸爸妈妈把混合在一起的粮食分开的好方法，鼓励幼儿利用分离游戏的原理，区分生活中混在一起的物品。

2. 在美工活动时，鼓励幼儿将探索过程画下来，巩固经验。

活动总结

1. 科学方面：活动准备充分，材料丰富，都是生活中的常见物品。材料的结构性低，幼儿的探索空间更大。活动遵循了中班幼儿学习是以充分感知、动手操作、亲身体验为主要特征，幼儿在与不同的材料和工具的互动中发现材料的特性，并选择适合的材料将几种混在一起的混合物进行分离。

2. 戏剧方面：教师通过创设情境的方式，与幼儿共同参与，并保持良好的伙伴关系，相较于传统科学活动教师更多扮演的是权威者，在这个活动中，教师与幼儿更加平等，更多的是作为参与者，幼儿在平等的环境中更能发挥自主性。

活动四：水彩爬高

活动目标

1. 在实验中感知不同材质的纸卷吸水能力不同。

2. 观察发现“水彩爬高”的现象，尝试对现象的原因进行简单的猜测和解释。

3. 对科学现象感兴趣，乐于探索并能用肢体动作表达现象。

活动准备

1. 材料准备：颜料水杯每人一个，餐巾纸卷、图画纸卷、牛皮纸卷每人一张，三个摸箱（里面分别放着餐巾纸、图画纸和牛皮纸三种不同的纸）。

2. 经验准备：幼儿在生活中使用过不同的纸。

活动重点难点

活动重点：感知不同材质的纸卷吸水特点。

活动难点：观察发现“水彩爬高”的现象，愿意表达自己的想法和认识。

活动过程

1. 决定行动

教师出示三个摸箱，引导幼儿摸一摸，发现三种纸的不同特点。

教师：小朋友，发现三个摸箱里的纸有什么不同吗？

幼儿：1 号摸箱里的纸软软的，3 号摸箱里的纸硬硬的。

幼儿：2 号摸箱里的纸也是硬的，但是比 3 号摸箱里的软一点儿。

幼儿：1 号摸箱的纸很轻。

幼儿：2 号摸箱的纸滑滑的。

幼儿：3 号摸箱的纸摇起来声音很大。

幼儿：因为它很硬，1 号摸箱的纸摇起来声音就很小。

教师：大家都探索到了三种纸的不同，现在老师来揭晓答案：1 号摸箱里是餐巾纸，2 号摸箱里是图画纸，3 号摸箱里是牛皮纸。餐巾纸很软，摇起来轻声音小；图画纸摸起来很滑；牛皮纸很硬，摇起来声音最大。

2. 展开行动

（1）介绍游戏，猜想。

教师：接下来我们要玩一个游戏，叫“水彩爬高”。第一步是把三种纸的一端放到颜料杯中，我们观察颜料在纸上的变化。小朋友们想一想，如果把餐巾纸、图画纸、牛皮纸分别放到颜料杯里会怎样呢？

幼儿：餐巾纸就会染上颜料。

幼儿：我猜颜料不会爬到纸上，因为没有梯子。

幼儿：我猜颜料能爬上硬硬的纸，不能爬上软软的纸。

幼儿：我猜颜料能爬上三种纸。

幼儿：颜料会把餐巾纸弄湿。

幼儿：这些纸都会被颜料弄湿。

幼儿：颜料不会沾到纸上。

（2）观察不同纸在水中的变化。

教师：现在请大家来试一试，验证自己的猜想。

幼儿动手将三种纸的一端放到颜料杯中，观察。

教师：小朋友们，你发现了什么变化？

幼儿：我发现颜料在餐巾纸上爬得很快。

教师：颜料是怎样在餐巾纸上爬的？

幼儿：颜料会一层一层向餐巾纸上爬。

幼儿：我觉得像跑步一样快。

教师：观察得真仔细，颜料在图画纸上有什么变化吗？

幼儿：图画纸挨到颜料的一端会染色，颜料向上爬的速度慢。

教师：牛皮纸在颜料里有什么变化？

幼儿：牛皮纸吸收颜料会慢慢变软，没有之前那么硬了。

教师：为什么会这样呢？

幼儿：因为颜料里有水，水会把纸变软。

幼儿：牛皮纸最硬，所以它变软比较明显。

幼儿：颜料在牛皮纸上好像不怎么动。

（3）交流讨论。

教师：为什么会出现这样的变化呢？

幼儿：因为纸都会吸水。

教师：纸是怎么吸水的？

幼儿：纸到水里，水就跑到纸身上了。

教师：三种纸吸水的快慢都一样吗？

幼儿：不一样，餐巾纸吸得最快。

幼儿：牛皮纸吸得最慢。

教师：为什么会有不同呢？

幼儿：因为餐巾纸最软，颜料会跑得很快。

幼儿：餐巾纸最白，我们看得最明显。

幼儿：牛皮纸最硬，而且比较厚，颜料不容易爬。

教师：大家观察得很仔细，说得很有道理，小朋友们有一双发现的眼睛，真是太棒了！

教师小结：纸的成分是植物纤维，它中间有很多小空隙，这些空隙可以吸收水分。这三种纸的空隙不同，吸水能力也不同，所以水爬升的速度不一样。

3. 结束行动

“水彩爬高”游戏。

教师在地板上铺上三种纸对应的纸条，请幼儿变成颜料，根据自己实验中的观察，表现颜料在三种纸上的“爬高”现象。

活动延伸

1. 提供宣纸、水粉纸、素描纸等不同种类的纸，让幼儿尝试比较观察不同纸张的吸水情况，了解不同纸张的吸水现象。

2. 鼓励幼儿将各种纸折成纸花或纸船放在水中观察漂浮现象。

3. 结合区域活动，通过折纸了解不同质地纸张的特性。

活动总结

1. 科学方面：在活动中留出时间让幼儿去猜测、发现、判断，接着进行操作，这个过程不仅培养了幼儿初步的科学思考能力，还有利于形成坚持专注的学习品质。

2. 戏剧方面：通过角色扮演融入肢体动作，进一步加强了对“水彩爬高”现象的认识。在具体情境中，幼儿运用想象和表征，将观察到的现象呈现出来，为理解“水彩爬高”提供支架。

活动五：吸管运水

活动目标

1. 用吸管将水运到空杯子中，发现同样条件下粗细不同的吸管运水量的不同。

2. 在戏剧游戏“吸管运水”中了解不同吸管运水有差异的原因。

3. 喜欢科学探究活动，感受运水活动的成就感。

活动准备

1. 材料准备：有水的塑料杯，有刻度的塑料杯，长度相同粗细不同的吸管，水，水盆，水彩笔，抹布。

2. 经验准备：幼儿玩过运水游戏。

活动重点难点

1. 活动重点：通过实验操作发现，同样条件下粗细不同的吸管运水量不同。

2. 活动难点：初步感知并了解吸管运水的原理。

活动过程

1. 决定行动

教师（出示吸管）：小朋友们，你们看这是什么？

幼儿：吸管。

教师：吸管可以用来干什么？你们能表演出来吗？

幼儿表演用吸管喝饮料，用吸管吹泡泡，用吸管搅拌的动作等。

2. 展开行动

（1）幼儿自主尝试用吸管运水。

教师：今天我们尝试用吸管运水，大家猜一猜，我们能成功吗？我们有两个杯子，一个杯子里有水，另一个杯子里没有水，请小朋友们想一想，怎么用吸管把这个杯子里的水运送到另一个空杯子里去呢？

幼儿：可以用吸管盛水。

教师：怎么用吸管盛水呢？

幼儿：像勺子一样舀水。

教师：还可以怎样运水？

幼儿：可以让这个杯子里的水顺着吸管流到空杯子里。

教师：大家都动脑思考了，我们可以动手试一试。

幼儿尝试用吸管运水，教师巡回指导。

（2）幼儿分享，尝试成功的方法。

教师：大家运水成功了吗？你是怎么做的呢？

幼儿：把吸管放平，把水装到吸管的洞洞里，再放到空杯子里运水。

幼儿：把两个杯子挨紧，吸管一端插进有水的杯子，把另一端放在空杯子里，像压跷跷板一样，水会顺着吸管流淌到空杯子里。

教师：大家做得都很棒。现在老师来介绍一个方法：将吸管放在水里，用手指按住吸管顶端，将吸管移到另一个杯子中，松开按在顶端的手指，吸管里的水就从一个杯子移到另一个杯子了。小朋友们试一试。

幼儿再次尝试使用吸管运水。

（3）试试哪根吸管运水多。

教师：刚刚我们成功地将水运到了空杯子里。现在老师这里有三根吸管，你们看一看它们有什么不一样的地方？

幼儿：颜色不同。

幼儿：粗细不同。

教师：将三根吸管放在三个相同的杯子里，里面装有相同的水。你们猜，哪根吸管吸的水多呢？

幼儿：一样多。

幼儿：粗的吸管吸得多。

教师：大家用三根吸管试一试，看一看哪根吸管吸水多，能把更多的水运到另一个杯子里。

幼儿使用不同的吸管进行尝试。

教师：请大家分享实验结果。

幼儿：粗的吸管运水最多，细的吸管运水最少。

幼儿：长的吸管运水多，短的运水少。

幼儿：短的吸管容易运水，会快一些。

教师：为什么会这样呢?

幼儿：因为短的好盛水，杯子里的水越来越少，所以短的好运水。

教师：运水的时候，你是什么感受?

幼儿：我觉得很有意思，因为我没有用过吸管运水。

幼儿：我觉得有点难，因为吸管不容易运水。

幼儿：我就是觉得很好玩，用手抵住吸管，里面的水可以不流出来。

3. 结束行动

教师穿上白色外衣，戴上眼镜扮演专家，为大家介绍实验的原理。粗细不同的吸管就像三条粗细、宽窄不同的跑道，小朋友就像水宝宝。跑道越粗，同一时间能让更多小朋友通过；跑道越细，同一时间通过的小朋友就会越少。所以当吸管插到水里之后，水宝宝就会进到吸管里，粗吸管能容纳更多的水宝宝。手指盖住吸管的另一端，就像给吸管盖住盖子，空气进入不了，水宝宝就能牢牢地待在吸管里。当我们把吸管放到另一个杯子时，盖在吸管上面的手指松开，水宝宝就快速“跑”到另一个杯子里，这样水宝宝就成功地从一个杯子“跑”到另一个杯子里啦。

活动延伸

1. 在区角为幼儿提供不同形式的吸管，如弯管、伸缩吸管等，鼓励幼儿探索不同吸管的特性，通过吸管组合、材料拼接等方式进一步尝试运水游戏。

2. 引导幼儿通过绘画形式精心梳理并记录探究中的点滴精彩，与其他小朋友、老师和家长分享。

活动总结

1. 科学方面：运水游戏是孩子们喜欢的游戏之一。但是使用吸管运水孩子们还是第一次体验，因此在提到使用吸管运水时，孩子们都表现出惊讶的表情，认为不可能。在幼儿产生认知冲突后进行游戏，更能激发幼儿的游戏兴趣与愿望。材料准备方面也体现了科学性，教师选择粗细对比明显的吸管，保证幼儿在实验中能够发现实验结果的不同，提升幼儿科学探究能力。

2. 戏剧方面：以教师入戏的方式引发幼儿注意，专注地倾听实验中的科学原理，比简单地讲述更立体、更生动。

（四）大班活动案例

活动一：神奇的溶解

活动目标

1. 在实验中感知不同物体的溶解现象。

2. 在操作过程中发现不同物体的溶解情况，尝试用语言或动作表达自己在探究中的发现。

3. 对科学现象感兴趣，体会用肢体扮演常见事物形态的快乐。

活动准备

1. 材料准备：绿豆，小米，泡腾片，盐，石子，透明纸杯，搅拌棒，小勺每人一把，抹布，水壶，绿豆、小米、盐、石子、泡腾片的图片各 1 张。

2. 经验准备：幼儿接触过溶解现象。

活动重点难点

1. 活动重点：在操作中感受不同物体的溶解现象。

2. 活动难点：发现不同物体的溶解情况，尝试用肢体动作表达自己的发现。

活动过程

1. 决定行动

教师：大家谁知道“捉迷藏”游戏是怎么玩得吗？

幼儿：一个小朋友寻找，其他小朋友藏起来。

教师与幼儿进行 1 ~ 2 次捉迷藏游戏，引发科学实验活动。

教师：今天我们开展“水中捉迷藏”活动，大家一起来探索吧。

2. 展开行动

（1）教师介绍实验材料，幼儿进行猜想。

教师：有几种材料想和大家一起玩“水中捉迷藏”的游戏，大家看看这些是什么呢？

幼儿：绿豆、小米、盐、石子、泡腾片……

教师：这个长得像糖块的是泡腾片。

幼儿：我知道泡腾片，我家里就有，它可以泡在水里喝，补充维生素。

教师：现在请大家猜一猜，这几种宝贝到了水里，谁会不见呢？

幼儿：盐会不见。

幼儿：我觉得小米会不见，变成小米粥。

幼儿：我觉得泡腾片和盐都会不见。

幼儿：绿豆会一直在杯子里。

教师：大家有这么多想法，我们先来进行一个猜想活动：这儿有几个圆圆的杯子，上面贴着今天玩游戏的宝贝图片。你猜哪种宝贝会藏起来，你就变成它，轻轻走到那个杯子里。

幼儿：我猜泡腾片会不见。

于是幼儿蹲在泡腾片图片的旁边。

幼儿：我猜小米会不见。

于是幼儿站在小米图片的旁边。

…………

教师：我们一起数一数，分别猜小米、盐、绿豆、泡腾片在水中不见了的小朋友有多少位。

（2）教师与幼儿一起进行实验。

教师：现在请小朋友开始我们神奇的实验，请大家根据步骤操作。

① 每个杯子的水只跟一种宝贝玩捉迷藏。

② 倒水时，水不要超过杯子上的红线，如果不小心把水倒在桌上赶快擦

干净。

③ 把宝贝放在水中后，要轻轻搅拌，再认真观察它是否不见了。

④ 游戏结束，把游戏材料放回原位。

幼儿操作，教师观察并进行指导。

教师：你想用哪种材料开始神奇的实验?

幼儿：我想试试小米，我猜小米放在水中会不见。

幼儿把小米放在水中，用搅拌棒搅了搅，低头看杯子里的变化，大声说道：小米不见了，小米不见了，水都变黄了。

教师：你有了新发现。不过，仔细看一看小米是真的不见了吗?

幼儿再次从上方和侧方观察杯子里的小米，小米还在，只是杯子里的水变得黄了一些。

幼儿：盐不见了。

教师：为什么盐不见了呢?

幼儿：水就像一间大屋子，盐在水屋子里藏起来了。

幼儿：盐被水吃掉了，水也变成了盐水。

幼儿：石头太大，水吃不了。

教师：大家的想法都很神奇。

教师：泡腾片、石头放在水中后，有什么变化吗?

幼儿：泡腾片放在水中会翻腾，会冒出很多气泡，还会发出滋滋的声音，水变成了黄色。

幼儿：石头放在水中还是石头，没有变化。

教师：小朋友们实验都结束了吗?谁和大家讲一讲你的发现?

幼儿：我发现盐放到水里，搅拌搅拌就不见了。小米放在水里，还会有，就是水会变成黄色；泡腾片放在水中会发出滋滋的声音，然后越来越小，最后不见了。

教师小结：泡腾片放在水中溶解不见了，而且水会变成黄色；盐放到水里也溶解不见了，但是水不变色；石头放入水中没有变化；小米放在水中，水变黄了一些，但是小米还在。石头和绿豆放在水里，搅拌以后也还有。

3. 结束行动

教师变成水和搅拌棒，幼儿扮演不同的材料在水中的溶解情况。

教师：在实验中，小朋友们发现得真多。现在我变成魔法师，小朋友变成这些宝贝，表演这些宝贝在水里的变化好不好？

教师：现在魔法师把大家变成小米，请“小米们”到画好的杯子里。小米在水中搅拌会怎样呢？

幼儿：随着搅拌棒转啊，转啊，转啊，到最后还是能看到（小朋友们做相应的动作）。

教师：你们表现得太棒了，现在请小朋友们变成盐，到画好的水杯里（教师做搅拌动作）。盐在水中会怎样呢？

幼儿：会越来越少，最后会不见啦。幼儿慢慢地由大（站）变小（蹲）。最后躲起来，不见了。

教师：今天的实验神奇吗？我们生活中有些宝贝放在水中就会像盐和泡腾片一样慢慢不见了；有些宝贝就会像石头、绿豆一样，即使搅拌，也还会存在。

活动延伸

1. 将溶解实验的材料放在活动区，鼓励幼儿继续猜想还有什么会在水中溶解，并将收集的实验材料进行操作与记录。

2. 家园共育，鼓励家长与幼儿在家进行溶解实验，发现生活中的溶解现象。

活动总结

1. 科学方面：溶解是幼儿园科学活动中比较常见的实验活动。在活动中，幼儿通过游戏的方式表达了自己的猜想，并用站队的方式“记录”，有助于幼儿体验完整的探究过程。教师还引导幼儿对实验过程进行观察与描述，提升了幼儿的观察能力、表达能力。

2. 戏剧方面：活动用“捉迷藏”的游戏引入，并结合幼儿的认知与经验解释溶解现象，看似荒谬的推理恰恰表现是幼儿的真实想法，是幼儿自行建构的朴素理论。

活动二：谁是灯泡的好朋友

活动目标

1. 在组装电路的游戏中初步感知“导电体”和“绝缘体”。

2. 通过戏剧游戏理解什么是“导电体”，什么是“绝缘体”。

3. 喜欢科学探究活动，能记录自己的实验结果并乐于与同伴交流。

活动准备

1. 材料准备：记录单，呼啦圈，每人一份组合电路材料（电线、灯泡底座、电池、开关）和塑料拼插玩具，牙签，钥匙，曲别针，木片，绳子，铁环，纸等。

2. 经验准备：幼儿有电路连接的经验。

活动重点难点

活动重点：探索让灯泡亮起来的方法。

活动难点：通过操作与游戏理解什么是“导电体”，什么是“绝缘体”。

活动过程

1. 决定行动

角色扮演，回顾电路连接。

教师：大家还记得实验“让灯泡亮起来”用了什么材料吗？

幼儿：有电线，灯泡，开关，还有电池。

教师：如何让电路中的灯泡亮起来呢？

幼儿：需要把电池、灯泡和电线连在一起，连成一个圈。

我们用角色扮演的形式演示好吗？

教师（把呼啦圈套在胳膊上）：我现在是电池，呼啦圈是我身上的“电”。谁和我一起连起来，让“电”传到灯泡那里，让灯泡亮起来呢？

幼儿（边说边拉着老师的手）：我是电线，我和电池连在一起。

幼儿（边说边拉着老师的另一只手）：我也是电线。

幼儿（拉着一位幼儿的手）：我是灯泡。

幼儿（拉着两位幼儿的手）：我是开关。

扮演开关的幼儿拉住两边的电线，教师将手中的呼啦圈传给旁边的“电线”小朋友，“电线”小朋友把“电”传给灯泡，灯泡就“亮”起来（扮演灯泡的幼儿双手举起表示亮起来）。

教师：灯泡为什么能亮起来？

幼儿：因为开关一闭合，电通过电线流到了灯泡，灯泡就能亮起来。

教师：说得特别好，不过在电路游戏中，有一些材料能够帮助电通过，有一些材料会阻止电通过。如果阻止电通过的材料在刚刚的电路连接中出现，灯泡还会亮吗？

幼儿：不能，电被阻断了，不能通过。

教师：今天我们的实验任务就是找出帮助电通过的材料和阻止电通过的材料，它们就是导电体和绝缘体。

2. 展开行动

（1）教师出示百宝箱，幼儿进行猜想。

教师：老师这里有一个百宝箱，箱子里有的是灯泡的“好朋友”，连接在电路里灯泡会亮起来；有的不是灯泡的“好朋友”，连接在电路里灯泡就不会亮。

教师：请你们猜一猜，谁是灯泡的好朋友呢？为什么？

幼儿：我猜绳子是灯泡的好朋友，因为绳子和电线形状相似。

幼儿：我猜铁环是灯泡的好朋友。因为它是铁的，铁的东西就可以导电，可以让灯泡亮起来。

幼儿：我猜钥匙也是灯泡的好朋友，它也是铁的。

教师：小朋友有不一样的猜想，我们通过实验验证哪些是灯泡的好朋友，哪些不是灯泡的好朋友。

教师：在实验之前，先请小朋友猜想这些材料中哪些是灯泡的好朋友，把猜想的结果记在表格里。可是你用什么方法记录你的猜想呢？

幼儿：我用笑脸表示好朋友，用哭脸表示不是好朋友。

幼儿：我用“√”表示好朋友，用“×”表示不是好朋友。

幼儿：我用灯泡亮表示好朋友，用灯泡不亮表示不是好朋友。

幼儿记录，教师巡回指导。

（2）教师介绍实验注意事项，幼儿进行实验。

教师：这个实验会用到电，大家在做实验时一定要小心，在连接时一定把开关打开，连接后再闭合开关进行观察。

幼儿先将电路连接好，打开开关，发现灯泡亮了。然后逐一尝试，将准备好的材料接到线路中：一位幼儿拿起绳子，一边夹在电线上，另一边也夹在电线上，打开开关，发现灯泡没亮，在记录单上画了一个哭脸。一位幼儿拿起铁杯……

（3）寻找材料，再次试验。

教师：如果你已经把准备的材料全试过了，而且记录下实验结果，请观察你们的记录，找一找能让电流通过的材料有什么共同点？现在老师告诉你们一个秘密：你可以在班级内寻找一些其他材料，试一试它是能让电流通过的导电体，还是会阻止电流通过的绝缘体。

幼儿在班级内寻找材料并进行试验，记录自己的发现。

3. 结束行动

教师带上呼啦圈，扮演电池和电路，幼儿扮演灯泡、电池、电线、钥匙、铁圈等，和老师一起连接成一个电路。

教师：现在请一位小朋友加入我们的电路中。

幼儿：我是钥匙，我能让灯泡亮起来。

教师边说边把身上的呼啦圈传给旁边的小朋友，旁边小朋友依次传递，直到电流传到钥匙小朋友那里，扮演灯泡的小朋友跳起来。

教师：当钥匙加入我们的电路中，电池身上的电流能通过钥匙传到灯泡那里。

幼儿：我是木板，我不能让灯泡亮起来。

教师边说边把身上的呼啦圈传给旁边的小朋友，旁边小朋友依次传递，当呼啦圈传到木板小朋友那里，扮演灯泡的小朋友蹲下。

教师：当木板加入我们的电路中，电池身上的电流不能通过木板传到灯泡那里，所以灯泡就不亮。

活动延伸

1. 教师将电路实验的材料和记录单投放到活动区，鼓励幼儿在活动中继续尝试，发现更多的导电体与绝缘体。

2. 教师对幼儿进行安全教育，如手不要直接去摸插座、不用金属材料去触碰插座等。

活动总结

1. 科学方面：（1）实验中，幼儿结合生活经验进行实验猜想，通过动手操作与观察发现不同的材料加入电路游戏的不同结果，初步感知“导电体”与“绝缘体”。（2）教师不仅仅局限于提供的材料，而是鼓励幼儿进一步猜想，在班级中寻找不同的材料进行探索，激发了幼儿的探索欲。

2. 戏剧方面：将抽象的科学经验具象化。电路的概念很抽象，但是在通过使用呼啦圈模拟电流通过的戏剧游戏中，幼儿能够直观感受到导电体与绝缘体的原理，更利于幼儿理解实验。

活动三：我是大力士

活动目标

1. 在操作过程中了解不同工具的使用方法，并尝试进行组合使用。

2. 能用肢体、表情、语言和声音模仿组合工具运书的动态过程，较为细腻地把握细节。

3. 通过与同伴合作，体验探索成功的快乐。

活动准备

1. 材料准备：沉重的 4 箱书，长绳（4 根），积木（20 块），大块布（4 块），圆木棍（20 根），筐（5 个），大绳（1 根）。

2. 经验准备：幼儿在生活中有搬运物体的经验。

活动重点难点

1. 活动重点：在操作过程中了解不同工具的使用方法。

2. 活动难点：尝试组合材料进行搬运活动，能用语言和动作表现搬运的动态过程。

活动过程

1. 决定行动

将准备的 4 箱书放到幼儿园教室外面，教师与幼儿一起来到教室外面。

教师：我为咱们班买了很多书，可是太重了，我一个人搬不动，怎么办呢？

幼儿：老师，我来帮您搬，我的力气可大了。

幼儿：我也可以。

幼儿：老师，我们来帮您。

2. 展开行动

（1）不使用辅助搬运材料，幼儿尝试徒手搬运。

先请几位幼儿尝试搬运书箱，教师采访幼儿搬运的发现与感想。

教师：你能搬动吗？为什么会这样？

幼儿：我能搬动，因为我力气大。

幼儿：我没有搬动。

教师：在搬运的过程中大家有什么感觉？

幼儿：箱子很重，我的胳膊都要断了。

幼儿：我的力气不够大，要多吃饭才有力气。

幼儿：我搬不动，书箱太沉了。

教师：这个书箱确实太重了。如果一个人直接搬太难了，而且很容易伤到自己，我们有没有更巧妙的方法搬运呢？

幼儿：可以和几个好朋友一起搬。

幼儿：可以用绳子拉着。

幼儿：可以把书箱放在小车上运走。

（2）教师出示准备的材料，幼儿猜想使用方法。

教师：老师这里有一些材料，看一看它们能不能帮我们把箱子移走呢？

幼儿：这个是绳子，我可以把绳子拴在箱子上，拉着走。

幼儿：这个是布，我可以把箱子放到布上，拖着。

教师：怎样使用这些材料才能省力气呢？请大家分组讨论。

幼儿 3 人一组讨论运箱子的方法，尝试将材料组合使用。

教师：你们计划用什么材料？可以怎样用？

幼儿：我们计划用布，把布垫在底下，箱子就滑走了。

教师：有用其他材料的吗？

幼儿：还可以用绳子拉。

幼儿：还可以用木棍。

（3）幼儿自由组成小组搬运，教师巡回指导。

教师：你们很棒，帮老师把箱子运到了教室里。在搬运的过程中你们使用了什么工具？用了什么方法？

幼儿：我们用的绳子，我觉得很费力气，有点拉不动。

幼儿：我们把几根木棍并排放在箱子下面，推着往前走，觉得挺省力气的。

幼儿：我把布放在箱子下面，在后面推着箱子。

幼儿：我们把绳子捆到箱子上，然后把布垫在箱子下面，可以走得非常快。

幼儿：我们先用圆木棍，撬箱子，但撬不起来，我们就把它们垫在箱子底下，箱子就滑起来了。

幼儿：我们开始用的积木，但是积木没用，后来改用木棍了。

教师：哪些材料用起来费力气，哪些材料用起来省力？

幼儿：木棍、布和绳子省力。

幼儿：积木费力气。

3. 结束行动

教师：现在我们要做小专家，把搬运的好方法介绍给其他人，请穿上专家外套，给大家介绍吧。

幼儿穿上专家外套轮流介绍，边说边把自己使用的方法演示出来。

幼儿：搬运重东西的时候不要直接搬，会让自己受伤的。

幼儿做直接搬运的动作，随后做一个砸脚的动作。

幼儿：我们要用省力的办法把重的东西搬走。如果有绳子的话，可以用绳子拉。

幼儿演示把绳子捆在书箱上，费力拉动的样子。

幼儿：可以找一些圆的木棍，把它们垫在箱子底下，箱子就滑起来了。

幼儿拿来木棍，与同伴合作着将木棍放在箱子下面，让箱子在滚动的木棍下移动。

幼儿：还可以把重的东西放到小车上，用小车运走。

幼儿边说边做推小车的动作。

活动延伸

活动后，教师与幼儿一起将不同的搬运方法记录下来，并鼓励幼儿解决实际生活中的问题。

活动总结

1. 科学方面：教师引导幼儿小组之间先协商好，共同确定材料，通过先计划后实施的方式解决问题，引导幼儿根据工具特点进行选择，再进行操作。在一次次的探索中逐步引导幼儿发现工具的特点与任务之间的关系。幼儿通过小组讨论，有计划地使用工具解决问题，提高幼儿的小组合作能力与操作能力。

2. 戏剧方面：在结束活动时，通过专家外衣的方式鼓励幼儿讲解、梳理并回顾搬运的方法，能提升幼儿的总结归纳能力和语言表达能力。

活动四：弹出的飞盘

活动目标

1. 尝试根据材料的特性组装弹射飞盘。

2. 发现橡皮筋拉长的程度和飞盘飞的远近有关系，解决游戏中遇到的问题。

3. 喜欢动手动脑，能在活动中表达自己的发现。

活动准备

1. 材料准备：一次性筷子（一体的），皮筋，纸板（方形、圆形、三角形，每人 1 个），胶条，塑料飞盘。

2. 经验准备：幼儿玩过飞盘，了解飞盘游戏的玩法与技巧。

活动重点难点

活动重点：了解橡皮筋弹性的存在。

活动难点：在教师提示下，能用动作表现速度和距离。

活动过程

1. 决定行动

扮演游戏，猜想影响飞盘飞行的原因。

教师模仿飞盘，用身体表现飞盘，原地转圈，然后做弹射状飞出。

教师：小朋友们看，我变成了什么？

幼儿：陀螺。

幼儿：飞盘。

教师：我是一个大飞盘，飞盘是怎么飞出去的呢？

幼儿：使劲一扔，就飞出去了。

教师：那怎么让飞盘飞得更远呢？

幼儿：可以扔得力气大一些。

幼儿：可以向上扔。

教师：今天我们就来做一个弹射飞盘，做好后看一看如何让飞盘飞得远。

2. 展开行动

制作飞盘，探究影响飞盘飞行距离的原因。

（1）教师逐一出示材料，与幼儿一起认识材料，引导幼儿猜想材料的组装方法。

教师：今天老师准备了一些材料，我们用这些材料来制作飞盘吧，先看一看都有什么？

幼儿：筷子、纸板和皮筋。

教师：想一想用这些材料如何制作弹射飞盘呢？

幼儿：可以用纸板当飞盘，然后用皮筋（把它）弹出去。

教师：特别好，已经想到借助带弹性的皮筋了，那筷子可以做什么呢？

幼儿：筷子可以固定皮筋。

（2）幼儿尝试组装材料，制作弹射飞盘。

教师：现在大家想一想，试一试，如何把这些材料组装成一个弹射飞盘？

幼儿尝试制作，教师观察与引导。制作完成后请小朋友介绍。

教师：现在请制作成功的小朋友介绍一下组装弹射飞盘的方法。

幼儿：先把橡皮筋插到一体的一次性筷子的中间；然后将纸质飞盘卡在橡皮筋上；使劲向后拉（皮筋）再松手。

教师：首先，把一根橡皮筋插到一体筷子中间的缝隙；一只手扶筷子，另外一只手把纸飞盘卡在皮筋上，向后用力拉拽皮筋，使皮筋拉长。然后松手，看飞盘是否会飞出去。在玩耍时，保证飞盘弹向没有人的地方，以免伤到人。

教师：请大家试一试，一定注意安全，不能对着小朋友发射飞盘。

（3）探究影响飞盘飞行距离的原因。

教师：怎样让纸飞盘飞得更远呢？

幼儿：可以把皮筋拉长。

幼儿（示范动作）：可以像这样使劲拉皮筋。

教师：如果皮筋拉得短，纸飞盘飞得怎样？

幼儿：皮筋拉得短，纸盘飞不出去，直接掉下来了。

教师：皮筋拉得长，纸飞盘飞得怎样？

幼儿：皮筋拉得长，纸飞盘能飞出去很远。

教师：刚才的塑料飞盘是靠手的力量飞出去的，纸飞盘为什么能飞出去呢？

幼儿：皮筋弹出去的。

教师小结：纸飞盘是靠皮筋的弹力飞出去的，皮筋拉得越长，弹力越大，纸飞盘飞得越远。

3. 结束行动

教师：大家不仅成功组装了弹射飞盘，还发现了飞盘飞得远的秘密。

教师：操场上还有很多不同形状的飞盘，可是被一位老师藏起来了，他说只要我们的飞盘射到他指定的位置，就可以获得更多的飞盘。大家想试一试吗？

幼儿欢欣鼓舞，开心赞成。

教师：尝试将飞盘射得更远，注意安全，不能用飞盘对着别人。现在让我们一起去迎接挑战吧。

活动延伸

将材料投放到户外游戏区，鼓励幼儿在户外分散游戏时继续探究。尝试探索不同形状的飞盘飞行的路线和飞的远近是否有关系。

活动总结

1. 科学方面：活动中教师选择“组装方法”与“影响飞盘远近”两个探究点设计，幼儿通过多次操作发现筷子、皮筋的特性，将二者组合成弹射器，提高了幼儿设计能力与动手操作能力。

2. 戏剧方面：活动开始的戏剧游戏起到调动幼儿兴趣的作用，活动结束的游戏场景能够激发幼儿将探究中的发现再次运用到实际场景中。但是二者和活动的关联性不大，教师可以继续改进活动，让戏剧游戏真正成为科学探究的一部分。

活动五：弹性

活动目标

1. 通过感知，了解具有弹性物品的特性。

2. 能够寻找到生活中具有弹性的物品，在教师的提示下想象与描画弹性的特征。

3. 激发探索科学现象的兴趣，敢于大胆表达，喜欢参与表演游戏。

活动准备

1. 材料准备：教师和幼儿共同收集各种物品，如皮筋、皮球、海绵、瘪皮球、干海绵、弹簧、直铅丝、松紧带、塑料玩具、橡皮泥、弹簧秤、乒乓球、塑料薄膜、木球、毛线、编织绳、积木等，孙悟空头饰（每人 1 个）。

2. 经验准备：接触过具有弹性的物品，能区分物品有没有弹性。

活动重点难点

1. 活动重点：通过感知了解弹性的特性。

2. 活动难点：在教师与同伴的提示下表现弹性的特征。

活动过程

1. 决定行动

教师：小朋友们，我们今天玩扮演游戏了，老师扮演成水帘洞的看门人，大家扮演孙悟空怎么样？

幼儿：可是只有一个孙悟空啊。

幼儿：孙悟空不是会变很多嘛。

教师：我们戴上孙悟空的头饰，一起扮演孙悟空吧。

幼儿戴上头饰，做出孙悟空的经典动作。

2. 展开行动

（1）幼儿体验弹性。

教师：猴大王们，王母娘娘托人给你们送来了一些东西，你们看看这些东西有什么特别。听说它们有一个共同的秘密，不知道你们能不能发现这个秘密。

教师出示装有不同材料的盒子，引导幼儿关注材料的共同特征——弹性。

幼儿：都是可以拉伸的。

幼儿：它们都有弹性。

教师：对，这些东西都有弹性。

教师拿出弹簧引导幼儿明确弹簧有弹性。

教师：猴大王们，那这些东西，你们要不要试着玩一玩，用手压一压、捏一捏、拍一拍，看看哪些东西像王母娘娘给的这样有弹性的？

幼儿：我发现皮筋有弹性，拉一下它能变长，不拉的话它就会变回原来的样子。

幼儿：我发现弹簧秤和弹簧都是有弹性的。

幼儿：木球、橡皮泥没有弹性。

教师：猴大王们，果然厉害啊，王母娘娘都夸你们啦。王母娘娘又给你们出了一个难题：你们能说说你们是怎么发现这些东西有的有弹性，有的没有弹性的呢？

幼儿：这个太简单了，试一试就知道了。

（2）幼儿找出弹性物品并说出理由。

教师拿出和幼儿在课前找的材料（皮筋、皮球、海绵、瘪皮球、干海绵、弹簧、直铅丝、松紧带、塑料玩具、橡皮泥、弹簧秤、乒乓球、塑料球、塑料薄膜、木球、毛线、编织绳、积木等）。

教师：猴大王们，你们找到弹性物品了吗？为什么你们觉得它是有弹性的呢？

幼儿：我有重大发现。我觉得皮筋有弹性，拉一下它能变长，不拉的话它就会变回原来的样子。还有弹簧、弹簧秤、松紧带、海绵都是有弹性的。

幼儿：听我说，听我说，木球没有弹性，弹性玩具应该能弹起来。木球不能弹起来。乒乓球有弹性，一拍就能弹起来。

（3）教师小结。

教师：我们都知道有弹性的物品，我们用力拉它的时候，它就会改变形状，手一松，它又能变回原来的样子。

（4）幼儿自由探索。

教师：王母娘娘觉得你们太厉害了，所以希望你们帮她一个忙：有弹性的物品和没有弹性的物品混在了一起，需要猴大王们帮王母娘娘区分一下。你们愿意帮忙吗？

幼儿通过观察比较，发现不同的物品是否有弹性。

教师关注幼儿在操作过程中的发现，与幼儿一起讨论，帮助幼儿理解物品的弹性。

①将海绵、橡皮泥、积木分别用力捏一下，再松开手，看一看发生的变化。

②分别拍乒乓球、皮球、木球，仔细观察谁能够拍下去又能弹起来。

③分别将编织绳、毛线、松紧带拉一拉，看一看哪根有变化。

④用弹簧秤挂上重物再取下，观察弹簧的变化。

幼儿：我把海绵、橡皮泥、积木都用力捏了一下再松开。我发现海绵有弹性，橡皮泥和积木没有弹性。

幼儿：我拍了乒乓球、皮球和木球，发现乒乓球和皮球都能弹起来，木球不能弹起来。

幼儿：编织绳、毛线和松紧带拉一拉后，我发现绳子和毛线没有变化，松紧带能拉长，松手又变回原来的样子。

3. 结束行动

戏剧游戏——点石成金。

教师：大家在生活中还见过哪些有弹性的物品？

幼儿：有袜子、衣服、轮胎。

幼儿：还有床垫、沙发。

教师：那我们来玩一玩吧。

游戏规则：所有幼儿围成一个圈，幼儿甲扮演魔法师，幼儿甲用手指指幼儿乙，并说出日常的一种物品，幼儿乙变成这个物品，并展现是否有弹性（身体缩短、拉长以展示弹力）。如果乙对了，则甲继续；如果乙错了，则乙和甲交换位置。

活动延伸

1. 幼儿在生活中寻找有弹性的物品，感受弹性与生活的关系。

2. 将材料投放在区角，鼓励幼儿继续探究。

活动总结

1. 科学方面：（1）教师充分尊重幼儿的主体性，活动前教师与幼儿共同搜集生活中相关的物品，让幼儿深度参与，同时也获得必要的前期经验，活动中教师充当参与者和支持者的角色，让幼儿与材料充分互动，激发兴趣，自己感受弹性的魅力。后面教师也参与其中，和幼儿一起发现弹性的秘密。（2）活动准备充分，材料方面非常丰富，包括了幼儿生活中常见的物品，同时材料的结构性低，幼儿的探索空间更大，教师充分考虑幼儿的前期经验，确保活动内容在幼儿的最近发展区内。（3）幼儿充分感知、动手操作、亲身体验，关于弹性的秘密是幼儿通过与不同弹性物品互动发现的，通过对比皮筋、皮球等发现弹性用手拉后能恢复原状。这是幼儿通过一次次实验总结的，虽然活动不强调幼儿的概念理解，但是通过感知、体验，幼儿能建立起相关的朴素理论。

2. 戏剧方面：（1）教师角色发生转变，教师通过角色入戏的方式，扮演水帘洞看守，与幼儿共同参与，与幼儿保持良好的伙伴关系，幼儿更愿意参与其中，对活动更加感兴趣，尤其相较于传统科学活动，教师更多扮演的是权威者，但是在这个活动中，教师与幼儿更加平等，更多的是作为参与者的角色。这里需要注意的是教师选择角色的时候是与幼儿平等的角色，教师不宜选择高高在上的王母娘娘的角色。（2）游戏化教学的方式更适合幼儿的年龄特点，教师通过戏剧情境的创设、戏剧扮演活动，寓教于乐，增加活动的趣味性，同时也能提升幼儿的参与性，这样的教学方式更利于幼儿的学习。

三、地球与空间科学：融入教育戏剧活动的设计与指导

（一）地球与空间科学和戏剧关键经验

年龄	3～4岁	4～5岁	5～6岁
地球与空间科学关键经验	1. 知道地球上有很多物质，如土壤、水等，了解空气、土壤、水等的基本特征 2. 感知各种天气现象，并知道天气是不断变化的，能体验常见天气的变化以及对生活带来的影响 3. 知道和使用与天空特征相关的词汇（如太阳等），认识到太阳等存在于天空中	1. 能描述空气、土壤、水等的基本特征，知道其有不同用途 2. 感知天气以及不同季节的特点，体验和发现不同季节中周围环境的不同变化 3. 了解月相不断变化 4. 知道生活离不开空气，地球的物质为人类提供了多种资源	1. 理解空气、土壤、水等具有不同分类，不同分类的特性存在差异，初步理解地球物质对人和动植物生存的重要意义 2. 感知天气模式随着季节变化，季节变化具有周期性，理解不同季节与生活的关系 3. 通过观察知道太阳和月亮的基本运动模式，知道太阳为地球提供了所需的光和热 4. 知道地球表面不断变化，会影响生活，空气污染对人类有害，要节约用水，了解自然灾害对人类生活的影响
戏剧关键经验	1. 知道戏剧是有角色的 2. 能在教师提示下，用动作表现速度、空间 3. 尝试用肢体和声音模仿地球物质相关的形态 4. 能用简单的肢体动作做出地球物质相关简单的造型	1. 知道戏剧中的角色有多个 2. 在教师提示下，能用动作表现速度、空间，表现声音的大小、粗细 3. 尝试用肢体、表情、语言和声音模仿常见的地球物质相关的形态 4. 能用较为丰富的肢体动作，单人或两两合作做出地球物质相关造型	1. 知道多种角色及其之间的联系 2. 在教师提示下，能用动作、声音细节表现 3. 能用肢体、表情、语言和声音模仿地球物质相关的动态过程，较为细腻地把握细节 4. 用肢体、表情、辅助材料进行多人合作地球物质相关造型

（二）小班活动案例

活动一：自制降落伞

活动目标

1. 感知自制塑料袋降落伞下降的现象。

2. 发现自制降落伞下降过程，用身体动作进行表现。

3. 喜欢玩自制降落伞，乐于参与用肢体表达想法的游戏。

活动准备

1. 材料准备：塑料袋（一人一个）。

2. 经验准备：幼儿知道什么是降落伞，玩过戏剧游戏。

活动重点难点

1. 活动重点：游戏中感受降落伞下降的现象并用肢体表现出来。

2. 活动难点：发现降落伞下降过程中路径、方向等状态的变化，用肢体动作表现。

活动过程

1. 决定行动

教师将塑料袋套在头上（将塑料袋套在头上不安全，小朋友会模仿，教师要讲清楚安全注意事项），将声音变粗发声。

教师：小朋友们，你们知道我是谁吗？

幼儿：怪兽。

幼儿：宇航员？

教师：我的本领可大了，我会拯救掉下飞机的人。

幼儿：你是降落伞。

教师：我也希望我是的，可是我只是个塑料袋。我想跟你们玩游戏，你们想跟我一起玩吗？

幼儿：我想玩。

幼儿：我玩过塑料袋的游戏。

教师：你玩过塑料袋的什么游戏呢？能跟我们说说吗？

幼儿：我把塑料袋扔在天上，它会飞起来。

幼儿：我爸爸会把塑料袋放在手上抓空气呢！

教师：你们也有那么多好玩的塑料袋游戏，那么我们今天一起来玩一个不一样的吧。

2. 展开行动

（1）感知游戏：认识塑料袋。

教师将塑料袋发给幼儿，请幼儿摸一摸，看一看，闻一闻。

教师：小朋友们，请你们摸一摸，看一看，闻一闻，能发现什么呢？

幼儿：摸起来软软的。

幼儿：我能看到您（对面的老师）。

教师：是呢，说明塑料袋是透明的。

幼儿：摸起来滑滑的。

幼儿：老师，我的塑料袋往上面一扔，它就慢慢地飘下来了。

（2）降落伞游戏。

配班教师变身小博士，小博士一边讲解一边操作。

小博士：今天，塑料袋要变成降落伞和我们一起来做游戏啦，请大家听游戏规则（老师边讲边示范）：第一步，轻轻抖动塑料袋，将塑料袋充满气；第二步，将充满气的塑料袋向上抛出；第三步，观察塑料袋下降的过程。小朋友们看了小博士的操作后，想要试一试吗？

幼儿操作，教师巡回关注幼儿的探索过程，并及时给予相应的支持。

幼儿：哇！飞起来了！

幼儿：像飞机一样。

幼儿：真的好像降落伞。

幼儿：它摇摇晃晃的。

3. 结束行动

（1）画面定格：我是小小降落伞。

教师：现在，请小朋友变身降落伞，给降落伞充气。充气后，你是什么样的降落伞？

幼儿：大大的。

幼儿：圆鼓鼓的。

幼儿：胖胖的，像我爸爸的肚子一样。

幼儿：我是一个小花降落伞。

幼儿：我是一个公主降落伞。

幼儿：我是超人降落伞。

幼儿：我是小鱼降落伞。

…………

（2）教师入戏：降落伞飞呀飞。

教师：现在我们一起变成塑料袋，玩一个小游戏，塑料袋们准备好了吗？

幼儿（齐声回答）：准备好啦！

教师："降落伞"慢慢充气，变成什么样的了？现在"降落伞"在空中飞起来，是什么样子的呢？落到地上是什么样子的？

幼儿：变得圆圆的。

幼儿：变得像个皮球。

幼儿：左右摇晃的。

幼儿：没气了就像这样趴在地上了。

幼儿一边说一边进行操作，把身体鼓起来，接着摇摇晃晃地慢慢趴在地上。

活动延伸

1. 教师将降落伞材料投放在科学区中，延伸幼儿在集体活动中的发现，支持幼儿在区域中持续探究降落伞游戏，形成生活经验。

2. 幼儿将塑料袋带回家中分享给家长，引导家长及时对幼儿的发现进行鼓励和支持，家长也可以和幼儿共同发现塑料袋的更多种玩法，鼓励幼儿在班级中与同伴分享。

活动总结

1. 科学方面：（1）教师发挥幼儿的主动性，鼓励幼儿充分感知、体验塑料袋的特征。教师在活动中支持幼儿的发现，鼓励幼儿将自己发现的塑料袋秘密分享给同伴，由个体的发现引发共性的肯定，增强幼儿的自信心和持续探究的动力。（2）抽象化的科学原理转化为实践操作游戏。教师鼓励幼儿通过自己的发现了解塑料袋的特征，并在亲身体验、实际操作降落伞中发现、感受科学原理，帮助幼儿获得关键经验。

2. 戏剧方面：多种戏剧游戏方式将幼儿获得的经验进行整合和梳理。教师通过感知游戏、画面定格和教师入戏的方式，鼓励幼儿将自己的发现用简单的肢体动作进行表现，充分感知塑料袋带来的乐趣。

活动二：玩具大拯救

活动目标

1. 感知冰的特性，发现冰块遇热融化的现象。

2. 在猜想和总结中大胆表达自己的发现，能够在戏剧游戏中简单描画角色的行为。

3. 喜欢参与拯救玩具的游戏，有肢体表达发现的愿望。

活动准备

1. 材料准备：冻住玩具的冰块，杯子，温水。

2. 经验准备：幼儿玩过冻冰花。

活动重点难点

1. 活动重点：感知冰的特性。

2. 活动难点：通过多样的肢体动作表达自己的发现。

活动过程

1. 决定行动

教师变身冰雪女王，手拿魔法棒与幼儿玩“冻冰块”的游戏。

教师播放电影《冰雪奇缘》的主题曲，并挥动魔法棒，幼儿根据自己的喜好自由变化，在魔法棒指向谁时谁就冻住不动。

教师：我的魔法失灵了，把咱们班的好多玩具也冻住了，你们能帮忙救出这些玩具吗？

幼儿（手舞足蹈）：能。

2. 展开行动

（1）猜想解救方法。

教师：你们觉得用什么方法能够救出玩具呢？

幼儿：把冰块砸开。

幼儿：把它们拿到太阳下晒一晒。

幼儿：把它放在水里，给它加热。

教师：你们聪明的小脑袋想到了这么多的方法，现在就去试一试这些方法吧。

幼儿按照自己的想法进行操作，教师巡回观察，关注个别幼儿并适时指导。

教师：你刚才用了什么方法？

幼儿：我把它放在手里，太凉了，冰块变小了但没有化开。

幼儿：我把它放在桌子上，拿东西使劲敲，可是它总是跑走。

幼儿：我用建筑区的积木砸它，可是没有砸开。

（2）魔法水。

教师：冰雪女王的魔法太厉害了，我这里有一个好的办法，我觉得肯定能帮到你们，我们一起来看看吧！

教师：请你用手摸摸，仔细感觉这个魔法水。

幼儿：摸起来热热的，好舒服。

幼儿：这个水温温的。

幼儿：这是我们喝的水。

教师：这是魔法水，你们试着把冰放进去，看看会怎么样呢。

幼儿：冰会化开。

幼儿：冰会飘在上面。

幼儿：冰会把温水变凉的。

幼儿：我爸爸说冰块放进热水里就会不见了。

教师：按照你们的猜想去试一试，看看冰块到魔法水里会有什么变化。

幼儿操作感知，教师巡回关注幼儿的行为表现，并提醒幼儿注意不要将衣服弄湿。

幼儿惊讶地说：老师，它变小了！冰块变小了！

幼儿：冰块的颜色慢慢跑到魔法水里，然后就消失了。

幼儿：哇！冰块消失了。

幼儿：魔法水好厉害啊！

幼儿：我们的玩具出来了。

教师：给所有的小朋友们点赞！你们拯救了班里的玩具，小玩具们要谢谢你们，它们说我们太开心啦，谢谢小朋友们。

教师小结：冰遇热会融化，把它放在温水里会慢慢融化，放到太阳底下晒也会融化，加热也会融化……

3. 结束行动

（1）冻冰块。

教师：魔法变变变，把你们变成冰块。魔法变变变，把我变成水壶。

模拟水壶，往变成冰块的小朋友身上模拟倒水。

教师：小冰块们，碗里的小冰块正在被温水融化掉，咱们班这么多的小冰块，是不是也想要试试呢？也给你们倒一些温水好不好（模拟水壶往小朋友身上做倒水动作）？

幼儿：我变成水啦。

幼儿：我被融化啦。

（2）戏剧游戏——冻冰块。

我变变变，变成融化的冰块；我变变变，变成没有融化的冰块，太阳出来了！冰块融化了，放进冰箱，冰块冻住了（当说到变化时，小朋友做相应的动作）。

幼儿（直接蹲在地上）：我变成一摊水了。

幼儿（举起双臂）：我是冰块超人啦。

幼儿（双手环抱）：我是长长的冰块。

教师：你们的造型真有趣，魔法变变变，小冰块们都变回小朋友吧。

教师与小朋友收拾整理玩具，活动结束。

活动延伸

1. 教师将幼儿的游戏过程和发现通过班级群的形式推送给家长，讲解游戏的目标和幼儿的发展关键点，鼓励家长在家中继续和幼儿一同玩冻冰块的游戏，同时寻找家中有哪些物质可以融化在水中，拓宽幼儿的游戏经验。

2. 鼓励幼儿将活动过程画下来，将冰的融化讲给家长或同伴听，拓宽科学经验。

活动总结

1. 科学方面：教师借助冬季自然现象开展探索冰的活动，在探索中发现冰的典型特征，并让幼儿知道冰和温水的关系，丰富幼儿的生活经验。

2. 戏剧方面：（1）丰富多样的教学形式激发幼儿探索的欲望。教师通过角色代入的形式变身魔法师，为活动增加了趣味性和神秘感。（2）多种戏剧游戏整合经验。在活动中，教师运用戏剧游戏、造型游戏等，引导幼儿深度感知冰融化的现象，梳理获得的科学经验，并运用简单的肢体动作创造性地表达对科学现象的感知和体验。

活动三：影子变变变

活动目标

1. 观察并认知一个物体影子的形状是可以多变的。

2. 探索使两只“小熊”变出一个影子的好方法。

3. 喜欢参与科学探索活动，并从中体会到快乐。

活动准备

1. 材料准备：白纸，记录纸，手电筒，水杯剪影，玩具小熊，小动物影子卡片，相机或手机。

2. 经验准备：幼儿有玩影子游戏和拍照的经验。

活动重点难点

活动重点：发现影子的形状会随光线照射角度的变化而变化。

活动难点：发现调整光线角度能够使两只“小熊”变出一个影子。

活动过程

1. 决定行动

（1）教师依次出示四个影子的图片。

教师：小朋友们猜一猜，这是谁的影子。

幼儿：小花猫、小乌龟。

幼儿：大树、大海。

教师：老师这里有几张影子的图片，这些影子都是一个物体的，大家根据影子的形状猜一猜这是什么物体的影子呢（教师依次出示影子照片，请幼儿进行猜测）。

幼儿：是棍子的影子。

教师：你是怎么看出来的?

幼儿：影子瘦瘦的，像棍子一样。

幼儿：是纸筒的影子。

幼儿：是杯子的影子。

教师：你是怎么看出来的?

幼儿：一个影子里有一个把手，像水杯。

（2）观察验证：这些影子到底是不是小水杯的影子呢？教师和幼儿一起试一试、找一找。教师变换手中手电筒的位置，使水杯呈现出不同形状的影子。

教师：杯子的影子还可以变吗？

幼儿：可以。

教师：杯子可以变出这么多有趣的影子。今天老师还请来了玩具小熊，它的影子会变吗?

幼儿：也会。

2. 展开行动

教师：小朋友试一试，你们用手电筒能让小熊变出什么样的影子呢？

小朋友变换手电筒的角度观察影子的变化，请几位幼儿尝试把角度不同的影子拍下来。

教师在大屏幕上展示幼儿拍下的小熊影子，让幼儿观察小熊，提出问题，帮助幼儿总结归纳。

教师：大家为什么可以变出这么多不同的影子？

幼儿：我用手电筒从不同地方照，就可以(出现不同影子)。

幼儿：手电筒动，影子就动，就有变化。

教师：手电筒和影子是怎么变化的呢？现在谁能和我演一演。

教师请两位小朋友，一位小朋友扮演小熊站在原地不动，教师扮演“手电筒”站在小熊一侧，另一位小朋友扮演影子站在小熊另一侧。教师扮演的手电筒移动，幼儿扮演的影子随手电筒的光线移动，帮助幼儿理解影子与光线照射角度的关系。在幼儿理解了光与影子和小熊的游戏关系后，进一步激发幼儿挑战新游戏，尝试两只小熊变一个影子。

教师（出示两只小熊）：小朋友让一只小熊变出了好多不同的影子，你能让两只小熊变出一个影子吗？

教师请幼儿尝试操作。通过改变两个手电筒光线照射的角度，尝试让两只小熊变出一个影子。

教师：你们是怎样让两只小熊变出一个影子的？

幼儿：我们把两只小熊放到一排就变成一个了。

幼儿：我们可以把两只小熊排好，然后用手电筒（把影子）照到一起就成一个了。

3. 结束行动

教师：今天我们用手电筒玩游戏。发现有手电筒帮助，一只小熊能变成许多只小熊；两只小熊还能变成一只小熊。小朋友变出的影子都不一样，而且有这么多种。小熊在它的家里没有动，为什么还可以变出这么多种影子？

教师请小朋友演示操作，从小熊摆放的位置不同，光照位置的不同，引发幼儿发现照出一个影子的秘密和方法。

活动延伸

1. 让孩子们回到家和爸爸妈妈一起玩影子游戏，准备手电筒，挂上窗帘将光打在墙上，孩子们可以玩各种影子游戏，可以用手影，可以远近变化，让自己变大变小。

2. 将各种盛有水的不同的水瓶（也可以不同颜色的水、水也可以不同高度）放在地上，让孩子们拿手电筒继续探究影子的形状，可以将所见的形状记录下来。

活动总结

1. 科学方面：（1）幼儿科学探究能力的发展。影子变变变的活动发展了孩子的观察力，尝试发现变换物体位置后影子的变化。鼓励幼儿多角度尝试。（2）教师充分尊重幼儿的主体性，支持幼儿自主操作，同时也使幼儿获得必要的前期经验，活动中教师充当参与者和支持者的角色，让幼儿与材料充分互动，激发兴趣。同时，和孩子共同发现影子变化的秘密。（3）表达交流能力的提升。在活动中和活动总结时，教师充分尊重幼儿的主体性，支持幼儿表达表现，教师鼓励幼儿大胆说出自己的探究过程。

2. 戏剧方面：游戏化教学的方式更适合小班幼儿的年龄特点，教师通过猜猜谁的影子的游戏增加了活动的趣味性，同时也能提升幼儿的参与性，更利于幼儿的学习。在游戏中幼儿尝试使用材料造型变化来学习光影的原理。

活动四：水宝宝搬家

活动目标

1. 知道水是无色无味、透明、会流动的。

2. 在游戏中发现适合运水的容器，愿意将自己的发现在戏剧游戏中表现出来。

3. 在游戏中体验运水的乐趣。

活动准备

1. 材料准备：水，水盆，小水池（充气泳池），运水玩具（勺子、漏勺、小筐、竹筐、纸盒、纸杯、杯子、小盆等），水宝宝头饰若干。

2. 经验准备：幼儿有玩水的经验。

活动重点难点

1. 活动重点：游戏中发现水的特性，分辨出适合运水的容器。

2. 活动难点：愿意将自己的发现在戏剧游戏中表现出来。

活动过程

1. 决定行动

教师：现在我们要一起到小水池玩运水游戏啦。请大家想一想，玩水时我们要注意什么呢。

幼儿：玩水的时候要注意，不要洒在身上。

幼儿：要排队，不能挤来挤去。

教师：小朋友们回答得真棒。现在我是一位小朋友，我想用来运水的工具被人拿走了，现在我该怎么办呢?

幼儿：可以等一等，等他用完了。

幼儿：还可以用其他工具交换。

教师：如果你也遇到和我一样的问题，记得刚才说到的好方法。

教师请小朋友来到小水池。

2. 展开行动

（1）运用多种感官感知水的特性。

教师（请幼儿围坐在水池前）：请你看一看、闻一闻、捞一捞，再说一说水是什么样子的。

幼儿：水是没有颜色的。

幼儿：水是没有味道的。

幼儿：水是透明的。

教师：把手伸到水里，能捧起水吗?

幼儿：水会（从手指缝里）漏出来。

幼儿：我一抓，水就跑了。

（2）找出适合运水的容器，进行运水游戏。

教师：这里有许多工具，大家试一试哪些可以帮你把盆里的水运到池子里?

幼儿尝试使用勺子、漏勺、小筐、纸盒、纸杯、杯子、小盆等不同材料运输水。

（3）幼儿相互交流玩水时的体验和发现。

教师：你们运水成功了吗？有什么发现？

幼儿：小筐不能运水。

教师：为什么呢？

幼儿：因为小筐有很多孔。

教师：纸盒刚开始时可以盛水，时间久了，纸盒湿了就漏了，不能运水了。

幼儿：纸杯可以。

幼儿：小盆也可以。

幼儿：带孔的不行，不带孔的就可以。

3. 结束行动

和幼儿一起在场地上画勺子、漏勺、小筐、杯子、小盆等图案（可以站几个孩子），幼儿戴上水宝宝头饰，变身水宝宝。

教师：现在水宝宝要搬家啦，很多工具来帮忙，谁能帮水宝宝搬家成功呢？首先是勺子（教师指着勺子图案）来帮忙，勺子能成功帮水宝宝搬家吗？认为可以的话，请水宝宝到勺子上来；接下来是漏勺（教师指着漏勺图案）来帮忙，漏勺能成功帮水宝宝搬家吗？认为可以的话，请水宝宝到漏勺上来；接下来是小筐（教师指着小筐图案）来帮忙，小筐能成功帮水宝宝搬家吗？认为可以的话，请水宝宝到小筐上来……

游戏结束，请幼儿再次讨论自己得出的经验，哪些工具能帮水宝宝搬家，哪些不能。

活动延伸

1. 在区域投放海绵、泳衣、毛巾、水枪、盆等材料，进一步探索水的特性。

2. 结合语言活动，读一读《水宝宝旅行记》等故事，了解水的形式。

活动总结

1. 科学方面：（1）关键经验的获得和梳理。在操作中发现水会流动，感知水的颜色、味道等，整个活动都是围绕了解水的特性来做的，让孩子们通过玩儿水获得了关于水的特性的关键经验：水是无色的、透明的、会流动的。（2）活动主要是通过感知观察、操作体验，获得对水表面特征的认知。

2. 戏剧方面：游戏化教学的方式更适合小班幼儿的年龄特点，教师通过戏剧情境的创设、戏剧扮演活动，增加了活动的趣味性，同时也能提升幼儿的参与性，更利于幼儿的学习。

活动五：下雨了

活动目标

1. 通过观察下雨时的现象，了解雨和雨水的基本特征。

2. 用多种形式表达下雨时的某些变化，在戏剧游戏中表现自己的发现。

3. 关注天气的变化，对不同的天气感兴趣。

活动准备

1. 材料准备：选择即将下雨的天气，带好雨具。

2. 经验准备：幼儿在生活中观察过雨天的景象。

活动重点难点

1. 活动重点：在下雨天观察周围环境的变化，能用不同方式表现出自己的发现。

2. 活动难点：在戏剧表演中用语言、动作等方式表达自己观察下雨天的发现。

活动过程

1. 决定行动

讨论观雨前的准备。

教师：要下雨啦，小朋友们要不要跟着老师一起去看雨呢？

幼儿：要！我们喜欢下雨天。

教师：雨下起来啦，我们会被淋湿的，应该怎么办呢？

幼儿：可以撑着雨伞。

幼儿：穿上雨衣就可以啦。

幼儿：还可以在窗边看雨。

教师和幼儿一起根据大家商量的方法做看雨前的准备：穿上雨衣，和同伴一起带上雨伞，寻找适合看雨的地方进行观察。

2. 展开行动

（1）幼儿在室外观察下雨前的天空。

教师：现在的天空是什么样子的？

幼儿：天阴沉沉的，很暗。

幼儿：天上有很多乌云。

教师：闭上眼睛，你能听到什么？

幼儿：听到风呜呜地叫。

教师：看看云是什么样子。

幼儿：云有点黑，还有点白。

（2）观察下雨的情景。

教师：下雨啦，大家看，雨从哪里来？

幼儿：从天上来。

教师：雨点落下来时是什么样子的？

幼儿（用手比作小点点）：像小点点，一滴一滴地落下来。

教师：小雨落在哪些地方？

幼儿：我的脸上、地上、玩具车上。

教师：小雨落下来的地方和天晴时有什么不一样？

幼儿：地上变湿了，下雨天气很舒服。

（3）聆听雨点落下的声音。

教师：下雨时，你听到什么了？

幼儿：滴答、滴答的声音。

教师：请你用小手接一接，在院子里走一走，会有什么发现？

幼儿：雨水滴在我手上，凉凉的。

幼儿：我看到树叶都湿了，树叶上亮亮的。

幼儿：我看到地上有水，户外的玩具被淋湿了。

幼儿：树上的小鸟飞走了。

幼儿：有的花瓣落到了地上。

3. 结束行动

幼儿分组讨论看雨后的发现，用戏剧故事的方式表现自己在雨天发现的变化。

教师：我们《下雨天》的故事开始啦，你想在故事中成为什么角色呢?

幼儿：我想成为大树。

幼儿：我要变成小草。

幼儿：我要成为小水池。

教师结合幼儿想要扮演的事物，汇编成一个小故事，鼓励幼儿用语言、动作、肢体表现不同事物在雨天的样子。

教师：下雨啦，下雨啦，下雨天大树、小草、花朵、小水池是怎样的?根据你们想成为的角色表演吧。小雨落在树叶上（扮演树叶的小朋友摇摆身子，接雨）、落在池塘里（扮演池塘的小朋友伸出双手）、落在地上（扮演大地的小朋友伸出双臂欢呼）……

表演不同事物的幼儿表演雨中的景象。

游戏结束，幼儿交流分享经验。

延伸活动

1. 在图书区投放《下雨啦》《小象雨中散步》等绘本，让幼儿从不同的角度感受下雨给人们带来的不同体验。

2. 引导幼儿观察晴天、阴天、下雨天的特点，继续帮助幼儿获得新的关键经验。

活动总结

1. 科学方面：（1）幼儿在活动中了解了下雨的天气现象和雨水的基本特征。此次活动适合小班年龄，小班幼儿认识事物和现象的时候，主要关注外在的、表面的特征，并且需要调动多感官进行参与。教师不仅让幼儿看一看小雨的样子，听一听风的声音和雨的声音，也让幼儿在雨中用手接一接来感受雨的基本特征。这既是幼儿获得经验的途径，也是激发幼儿的参与性。（2）充分发展了幼儿的观察能力、科学思考力和语言表达能力。观察能力渗透在活动中的各个环节，包括观察下雨前的情景，雨水的基本特征等。

2. 戏剧方面：（1）教师引导孩子们进行了戏剧中的角色扮演，孩子们变成了自己想变成的事物展现在雨中的样子。（2）运用感知游戏：在教师创设的情境中，抓住小班幼儿喜欢模仿的特点，幼儿调动多感官的感受，表现被雨打在身上的变化。组织幼儿积极地讨论分享自己的想法。（3）采用音效策略描述下雨时的环境。回到教室后，教师与幼儿一起变成大树、小草、玩具等表现声音。

（三）中班活动案例

活动一：盛开的花

活动目标

1. 了解纸花苞“开花”是因为纸吸水后具有张力。
2. 发现纸花在水中的变化，能用肢体表现纸花吸水后的变化。
3. 喜欢科学探究活动，愿意参与到戏剧游戏之中。

活动准备

1. 材料准备：纸做的花苞若干，水，水盆，小花头饰若干。
2. 经验准备：幼儿玩过造型游戏。

活动重点难点

1. 活动重点：了解纸花苞“开花”是因为纸吸水后具有张力。
2. 活动难点：通过想象细致表现花吸水后的变化。

活动过程

1. 决定行动

（1）造型游戏，教师和幼儿玩“马兰花”。

游戏：马兰花，马兰花，风吹雨打都不怕，勤劳的人儿在说话，请你马上就开花，就开花。开 × 瓣花。教师说到几瓣花，几个幼儿抱在一起变成一朵花。

（2）教师变成园丁，激发幼儿兴趣。

教师：大家好，我是我们花园的园丁，今天来看看我们的小花们（教师引导幼儿戴上头饰，变成一朵朵小花）。

教师：我们的小花都开了，真漂亮啊！可是老师这里还有几个小花苞一直没开花，小朋友们有办法帮帮它们吗？

幼儿：掰开。

幼儿：可以把它们放到水里。

教师：小朋友们都动脑筋思考了，那我们来试试吧。

2. 展开行动

（1）教师实验，幼儿观察。

请两位幼儿掰开纸花苞试一试。

幼儿：松开后花苞会变成原来的样子。

幼儿：纸花苞被撕烂了。

教师：小朋友们，我们用另一种方法帮助它们开花，请你猜想把它们放到水盆里会怎样。

幼儿：会沉到水底。

幼儿：会变湿。

幼儿：会开花。

教师：你们把纸花苞放在水中，仔细观察。

幼儿：哇！花苞开花了。

幼儿：真漂亮！

（2）探究游戏，花骨朵开了。

教师：我们把一张纸揉成一团，放在水中，观察它的变化。

幼儿：它会沉下去。

幼儿：会被打湿，然后慢慢地展开。

幼儿：我猜会浮在水面上。

教师引导幼儿把纸团放到水中，幼儿观察。

3. 结束行动

（1）戏剧游戏：肢体扮演。

教师：小花们，把我们的同伴纸花放到水里，它们怎么样了？

幼儿：纸花花瓣会一片一片打开。

教师：把纸花骨朵放在水中会有什么变化？

幼儿：也会打开，但很慢。

教师：哪朵小花来演示我们的同伴纸花是怎么开花的呢？

教师鼓励幼儿积极表演。

教师扮演水，幼儿扮演花骨朵，水推着花骨朵展开（教师引导幼儿在扮演活动中感受纸吸水后的张力）。

（2）戏剧游戏——专家外衣。

教师穿上科学家的衣服，为小朋友揭秘。

教师：小朋友们，请你们想一想为什么纸花会开花呢？

请幼儿表达自己的想法。

幼儿：因为纸被水打湿了。

幼儿：因为纸被施了魔法，所以会盛开。

幼儿：因为纸遇到了水会被打湿，花瓣会打开，就像盛开了一样。

教师：这是因为一般的纸都能吸水，纸在吸水后会膨胀并向外展开。我们纸花的花瓣是一片一片有规则折起来的，所以在展开时就像花瓣一样慢慢开放。小纸团也能“开放”，因为小纸团是揉在一起的，速度会慢一些。

活动延伸

将不同材质的纸投放到科学区供幼儿继续对比实验，鼓励幼儿利用不同材质的纸做成纸花放到水里，观察盛开的速度，感受不同材质纸张的吸水性。

活动总结

1. 科学方面：关于“纸花”盛开的秘密是幼儿通过实际操作发现的，通过观察纸花苞遇水盛开、花骨朵遇水盛开等实验发现纸吸水膨胀并向外展开，小纸团也能“开放”，但速度会慢等初步理解朴素的科学概念。

2. 戏剧方面：活动围绕“花”的主题开展，紧扣主题，持续激发幼儿兴趣，活动层层递进，趣味性强。在游戏结束部分借助“专家外衣”“角色扮演”推动情节的发展，让幼儿在游戏情景中深入理解科学原理。

活动二：水油分离

活动目标

1. 实验中发现水、油混合时互不相溶。

2. 通过操作和观察发现水油混合后的现象，能和同伴合作用身体造型表现水油分离现象。

3. 对探索水油分离现象感兴趣，感受共同游戏的快乐。

活动准备

1. 材料准备：矿泉水瓶（每人2个），植物油（1小瓶），漏斗（1个），水杯，抹布，植物油，水、油的头饰若干。

2. 经验准备：幼儿在生活中见过水和油。

活动重点难点

1. 活动重点：通过细致观察和动手操作，观察发现水、油混合时互不相溶的现象。

2. 活动难点：能和同伴合作用身体造型表现水油分离现象。

活动过程

1. 决定行动

（1）戏剧游戏：造型游戏——哗啦啦，流水啦。

游戏中，教师请幼儿A指向幼儿B，并说“哗”，接着幼儿B马上向幼儿C说“啦”，幼儿C再马上指向幼儿D说出“啦”，幼儿D要马上反应，并做出流水的造型，同时幼儿D两旁的幼儿做出流水的造型。

（2）戏剧情境导入：教师扮演厨师。

教师：小朋友们，我是厨师。今天我不小心把水和油倒进了一个瓶子里，猜一猜瓶子里会怎样。

幼儿：水和油混到一起了。

幼儿：水和油分开了。

教师：看，这是我的瓶子，猜猜我是怎么把油和水倒进去的呢。

幼儿：把水倒进装油的瓶子里。

幼儿：把油倒进装水的瓶子里。

2. 决定行动

幼儿自主尝试。

教师：水和油混合在一起是什么状态？

幼儿：把水倒进油里，水和油是分开的。

幼儿：把油倒进水里，水和油也是分开的。

幼儿：水在上面，油在下面。

教师小结：不管是把水倒进油里，还是把油倒进水里，我们看到油和水都是分开的，油在上面，水在下面。

教师：如果我们使劲摇一摇瓶子，会发生什么呢？

幼儿摇晃瓶子。

幼儿：使劲摇一摇，水和油都散开了。

幼儿：放了一会儿它们又分开了。

教师小结：不管用什么方法，静置一段时间后都是油在上、水在下。

3. 结束行动

造型游戏——水油分离

教师扮演厨师，引导幼儿扮演水和油。扮演水的幼儿围圈站起来，扮演油的幼儿围圈蹲下，教师变成搅拌棒搅一搅。幼儿顺着搅拌的方向移动，并分散绕圈走动。

教师停止搅动，幼儿移动的速度放慢，过一段时间，扮演油的幼儿围圈站起来，扮演水的幼儿围圈蹲下。

活动延伸

1. 在科学区投放水杯、油杯、洗洁精等相关材料，指导幼儿探究油和水相融的方法。

2. 和爸爸妈妈一起寻找去除油渍的好方法。

活动总结

1. 科学方面：关于水、油分离的秘密是幼儿通过实际操作互动发现的，幼儿通过反复实验发现获得的科学原理是通过感知、体验建立起来的。

2. 戏剧方面：导入活动中的“流水游戏”幼儿能用较为丰富的肢体动作，几人轮流合作做出流水的造型。在整个活动中幼儿与教师之间有一定的戏剧规则和礼仪，秩序性强。

活动三：掉下来了

活动目标

1. 知道不同物体下落的状态不同，能用多种方式表现自己的发现。

2. 通过细致观察发现不同物体下降的路线不同。

3. 体验探究的乐趣，激发幼儿主动探索的欲望。

活动准备

1. 材料准备：羽毛，沙包，树叶，自制“降落伞”，记录纸，笔，多媒体实物展示仪，磁性黑板。

2. 经验准备：玩过降落游戏。

活动重点难点

1. 活动重点：通过细致观察发现物体下落时的不同状态。

2. 活动难点：发现不同物体下降的路线，用适宜的方式表现出来。

活动过程

1. 决定行动

出示实验材料，引出探究问题。

教师：今天有几位朋友来到咱们班和小朋友一起玩游戏，我们看看它们是谁吧。

教师展示物品，请幼儿说出它们的名称。

幼儿：羽毛。

幼儿：沙包。

幼儿：树叶。

幼儿：降落伞。

（1）第一次尝试，选择物品自由探索，可以向上抛，可以向下丢。

教师：你发现了什么？

幼儿：羽毛很轻，降落得慢一些。

幼儿：降落伞也会慢慢落下来。

幼儿：往上扔，最后都掉了下来。

幼儿：沙包掉得最快，我接住了。

（2）第二次尝试，幼儿自选材料，组成探究小组。

教师：现在请分组探究，选择同一材料的小朋友自动为一组，仔细观察你们组的物体从高处降落时是什么样子？各小组自由探索（选择一种物品，举过头顶，手松开，眼睛注视物体，观察下降的状态）。

2. 展开行动

（1）小组自由探索。

仔细观察物体下落的状态，请各小组选择用自己喜欢的方式描述呈现出来。

教师：哪个小组和我们分享交流你们组的物体是怎样落下来的？

幼儿：它是直直地落下来。

教师：怎样表示直直地落下来呢？

幼儿：我们组选择用画下来的方式表示，我们在纸上画了一条长长的直线。

教师：很有想法，其他组的小朋友呢？

幼儿：我们组选择的羽毛，它在空中拐了个弯儿。

教师：拐弯怎么表示呢？

幼儿：我们用动作、身体转一圈，像这样（幼儿边说边转动身体）。

教师：很有创意。

幼儿：我们组选的是沙包，它咚的一下就砸到地上了。

幼儿：我们用拳头来表示，代表它咚一声掉到地上。

幼儿：我们组选的是叶子，它是飘下来的，就像这样（幼儿边说边摆动胳膊表现叶子飘落的样子）。

（2）对比观察，发现不同物体下落的路线。

教师：老师两手分别拿着叶子和沙包，同时放手，大家对比观察它们降落的状态。

教师：各组的小朋友可以再选择一种物品，对比观察物体降落的状态。

3. 结束行动

教师：小朋友探究了不同的物体，发现它们下落的状态都不一样，有的是直直地落下来，有的是慢慢地飘下来，还有的是一边转一边落下来，这是因为它们的形状、重量等都不一样。

教师引导幼儿玩扮演游戏：当老师说 ×× 落下来了，小朋友用动作模仿物体下降的状态。

活动延伸

1. 在区域中投放其他安全材料，如塑料袋、棉花等物品，鼓励幼儿通过吹气让物品飘起来并慢慢地降落下来。

2. 家园共育，家长和孩子一起寻找家中合适的物品或户外游戏材料，观察它们是怎样降落下来的，并一起想办法改变物体的降落速度。

活动总结

1. 科学方面：通过幼儿不断地尝试操作，探索发现物体下落的不同现象，使幼儿明白了物体的下落速度与物体的形状、重量等有关。在活动中教师鼓励幼儿讲述自己的发现，并且尝试用不同的方式分享观察结果，激发了幼儿的主体意识。

2. 戏剧方面：在活动结束部分，将幼儿在活动中的观察结果通过肢体表现的方式再现出来，深化活动目标。

活动四：好玩的土

活动目标

1. 探索土里的秘密，知道土壤是许多动植物生存场所。

2. 将自己观察后的发现，用戏剧游戏的方式表现出来。

3. 萌发好奇心，体验探索土的乐趣。

活动准备

1. 材料准备：小铁锹，小铲子，可松土的小花园或小菜园，蚯蚓、瓢虫、石头等的头饰。

2. 经验准备：幼儿有玩土的经验。

活动重点难点

1. 活动重点：通过观察探索了解土的特性及土壤里的秘密。

2. 活动难点：将自己的观察发现用戏剧游戏的方式表现出来。

活动过程

1. 决定行动

教师拿着一把小铁锹，引出今天的活动。

教师：今天我们要到小菜园里去松土，大家知道松土时要注意什么吗?

幼儿：使用铁锹的时候要小心，不要碰到自己和别人。

幼儿：松土的时候不要把土撒到身上，也不能撒到别人身上，更不能扬到眼睛里。

教师（铁锹尖到处挥舞）：我这样使用铁锹可以吗?

幼儿：不可以，不能甩来甩去，铁锹尖要向下。

教师（做挖土动作）：这个地方的土太硬，挖不动怎么办?

幼儿：可以使劲挖。

幼儿：可以两个人一起。

幼儿：可以把铁锹插到土里，一点一点向下挖。

教师：大家说出了很多我们松土时的注意事项，一会儿挖土的时候一定要注意，保证安全。

2. 展开行动

（1）菜园松土活动，幼儿自主观察。

教师（带幼儿来到小菜园）：快和小伙伴一起选择一个地方松土吧。

教师根据场地大小调整人数，保证幼儿安全距离的同时让更多幼儿参与到活动中；也可以分组进行，鼓励幼儿一边松土一边观察。

（2）休息时间，交流发现。

教师：你挖到的土是什么样子的?

幼儿：黄色的，有点白。

教师：摸在手上什么感觉?

幼儿：上面的土有点干，下面的土湿乎乎的。

教师：你在土里发现了什么？

幼儿：我发现了草根。

幼儿：我发现了一只虫子。

幼儿：我发现了一个蜗牛壳。

幼儿：我发现了蚯蚓。

教师：这些小动物为什么在土里呢？

幼儿：因为它们生活在土里。

幼儿：因为它的家在土里。

教师：你们还知道哪些小动物的家在土里？

幼儿：瓢虫。

幼儿：老鼠。

幼儿：兔子。

教师：土里有水分和矿物质，是植物生长所必需的，所以大多数植物生长在土壤里；有一些小动物的家在泥土里，所以在土中也会发现小动物。

（3）再次松土，进一步观察。

教师：老师准备了放大镜，大家可以再仔细观察。

幼儿用放大镜观察土壤，仔细寻找。

幼儿：我发现土里还有小石头。

幼儿：我用放大镜看到了很小很小的虫子。

3. 结束行动

教师：我来扮演挖土人，大家变成在土里发现的东西，你们想扮演什么呢？

幼儿：我要变成小石头。

幼儿：我要和我的伙伴变成小虫子一家。

幼儿：我变成小草的根。

教师与幼儿回到教室，幼儿戴上小动物等的头饰，通过表演的方式梳理活动的发现，引导幼儿思考土与动物、植物的关系。

活动延伸

1. 在自然角用透明容器收集挖来的土壤，种上种了，引导幼儿观察植物在土里发芽的情况。

2. 家园共育，亲子采集土壤，通过寻找、观察和收集等方式，了解土壤内外不同的世界。鼓励幼儿制作采集记录表，采集表上标注采集人、采集时间、采集地点、采集方法、采集趣事等。

活动总结

1. 科学方面：幼儿通过观察探索，了解了土的特性，知道了植物生长在土壤中的原因。

2. 戏剧方面：儿童本身就是自然的探索者和观察者，通过戏剧媒介，将平时观察到的土以及土中的动植物、自然生态和环境现象，运用肢体进行表达，实际地感受与自然互动的情境，持续幼儿观察探究的热情。

活动五：天气预报

活动目标

1. 了解天气预报的主要内容及作用。

2. 感知天气与人们日常活动的关系。

3. 在扮演与体验游戏中对播报天气活动感兴趣。

活动准备

1. 材料准备：不同形式的天气预报视频，纸、笔若干。

2. 经验准备：幼儿收听过天气预报。

活动重点难点

1. 活动重点：了解天气预报的作用与播报的主要信息。

2. 活动难点：在扮演与体验游戏中感知不同天气对人们生活的影响。

活动过程

1. 开始行动

教师通过音效模拟不同天气。

教师用模拟不同天气的声音或表演不同天气时的生活场景，幼儿根据声音和场景猜测是什么天气。

教师：哗啦啦，哗啦啦……

幼儿：下雨天。

教师：轰隆隆，轰隆隆。

幼儿：打雷啦，要下雨了。

教师：呼呼——呼呼——。

幼儿：刮风了，大风天。

2. 决定行动

（1）了解天气预报。

教师播放天气预报视频，幼儿观看。

教师：你在哪里听过或看过天气预报？

幼儿：在家里的电视上。

幼儿：在爸爸的车里。

幼儿：在商场的大屏幕上。

教师：为什么要每天进行天气预报？

幼儿：可以知道接下来是什么天气。

幼儿：有雨的话，出门要带伞、穿雨衣。

幼儿：如果太热就要带防晒帽、涂防晒霜。

幼儿：如果天气冷，要多穿衣服。

幼儿：有雾霾要戴口罩。

幼儿：也可以知道我们能不能进行户外活动。

（2）学习播报天气预报的方法。

幼儿观看不同天气的视频。

教师：我们看到了哪些天气现象？怎样表示这些天气现象呢？

幼儿：我看到的是晴天，可以用大大的太阳表示。

幼儿（做打伞的动作）：我看到的是雨天。

幼儿（做戴口罩的动作）：我看到的是雾霾天，戴着口罩的图标就是。

（3）观看不同形式的天气预报，了解天气预报播报的重点。

教师：大家观看这几个天气预报的视频后，有什么发现？

幼儿：告诉大家北京、上海等各个地方的天气。

幼儿：天气有好多种，有刮风天、雾霾天、下雨天。

幼儿：每个地方的天气不一样。

幼儿：天气预报上会播报温度，还有风力。

教师：这几个天气预报视频有哪些不一样？

幼儿：第一个小朋友穿成艾莎公主的样子给大家播报。

幼儿：第三个是动画片的天气预报。

幼儿：第二个是把温度、天气写在黑板上，然后再介绍。

教师：这些预报里面说到了什么？

引导幼儿发现天气预报里预报了天气、温度、风力等。

幼儿：有温度，还有不同天气的提示。

幼儿：说了天气情况，还说到了湿度。

幼儿：告诉我们应该穿什么样子的衣服。

（4）创编自己喜欢的天气预报。

教师：你喜欢用什么方法播报天气预报？请你和好朋友一起试一试。

引导幼儿和伙伴一起商量如何表现天气预报中的内容，提示幼儿可以是语言、动作或者表演，鼓励幼儿扮演成天气预报主持人，为全班小朋友播报天气。

3. 结束行动

幼儿与同伴一起展示创编的天气预报。

教师和小朋友扮演成大风、雷电、雨点，一起表演天气游戏。

活动延伸

1. 引导幼儿关注天气，设计天气预报图标，请幼儿轮流做天气预报员，大胆地在集体播报天气预报。

2. 在班级设立一个小小气象站或在环境墙布置一块天气预报展板，请幼儿每天记录天气情况。

活动总结

1. 科学方面：幼儿在乐中学，在玩中做，增强了对科学探索活动的兴趣。幼儿不仅感知了天气与人们日常活动的关系，还在播报中增强了语言表达能力和探索的自信心。

2. 戏剧方面：教师通过音效模仿吸引幼儿对天气情况的注意，便于将他们带入活动中。幼儿通过与同伴一起关注天气，在假想情境中将对天气的认知经验调动起来，再用肢体表达，有利于他们内化经验。

（四）大班活动案例

活动一：风的秘密

活动目标

1. 了解风的特性以及风形成的原因。

2. 通过游戏探索影响风力大小的因素，并记录操作结果。

3. 在探索风的游戏中提高探究兴趣。

活动准备

1. 材料准备：小黑板，磁条（4 根），大记录表（1 张），装有纸屑的纸盒，水管（1 根），白纸（每人 1 张），风车（16 个），同样大小的皱纹纸、白纸、硬纸（各 4 张）。

2. 经验准备：幼儿在生活中感受过不同等级的风。

活动重点难点

活动重点：能进行各种风力游戏，探索影响风力大小的因素。

活动难点：能主动表达与记录影响风力的因素。

活动过程

1. 决定行动

问题导入，激发幼儿对风的兴趣。

教师：今天有一位小朋友问我怎样让一张纸飘在空中不落地，你们知道吗？

幼儿：可以用网接住。

幼儿：可以用扇子对着纸使劲扇，不让它掉下来。

教师：为什么要用扇子扇呢？

幼儿：因为扇子能扇风，风就会吹着纸不掉下来。

教师请小朋友试验扇风的方法。

2. 展开行动

教师和幼儿一起变身科学家，探究风的秘密。

（1）幼儿结合已有经验，总结风的特点。

教师：风是什么样的呢？

幼儿：风是看不见的。

幼儿：风是抓不到的。

幼儿：风是没有颜色的。

幼儿：风是没有味道的。

幼儿：我们能感觉到风吹在脸上。

教师总结：风是看不到，摸不着，没有颜色，没有气味，但是能感觉到的。

（2）用身体制造风，感知风的大小与力度的关系。

教师：怎样能产生风呢？请你们用自己的身体制造，一会告诉大家。

幼儿：我是用嘴巴吹风。

幼儿：我是用手扇风的。

幼儿：我跑来跑去也能感觉到风。

幼儿：我解开衣服扣子，用衣服也可以扇风。

（3）操作风车，探究风的大小与速度的关系。

① 教师出示风车，引出游戏。

教师：小朋友想到这么多制造风的方法，大家知道什么玩具和风有关吗？

幼儿：风车、风筝。

老师：今天老师带来一种风力玩具，大家看这是什么？

幼儿：风车。

教师：大家平时是怎样让风车转起来的？

幼儿：对着风车吹口气，风车就转了。

幼儿：可以跑起来，风车就会转。

幼儿：还有摇一摇风车，风车也会转起来。

② 玩风车。

教师：大家想到这么多好方法，快来试一试吧。

幼儿尝试不同的方法让风车转起来。

教师：想一想，怎样让风车快速地转起来呢？

幼儿尝试让风车快速转起来的方法。

③ 幼儿分享，感知风的大小和速度有关。

教师：你是怎样让风车快速转起来的呢？

幼儿：我快快地跑，风车就转得快。

幼儿：我使劲地摇，风车也能快速地转起来。

幼儿：我使劲吹风车，风车也会快快地转。

教师：大家都说到了想要大风要用大力气，要小风用小力气，那大力气一定产生大风吗？

幼儿：是这样的。

（4）猜想试验，了解风的大小与吹风的不同材质的关系。

① 认识三种纸。

教师：大家看，我拿的是什么？

幼儿：纸。

教师：三种纸有什么不同吗？

幼儿：有皱纹纸、画纸和硬纸，它们的软硬不一样。

教师：摸一摸三种纸有什么不同。

幼儿：皱纹纸软软的，有点粗糙。

幼儿：画画纸滑滑的，比皱纹纸要硬一些。

幼儿：硬纸最硬，摸上去也有些粗糙。

教师：我们试一试如果用这三种纸制造风的话，力气一样大，哪种纸产生的风会更大呢？

幼儿：我猜是画画纸和硬盒。

幼儿：我猜是画画纸。

幼儿：我猜是硬盒。

② 用三种纸制造风，让风车转起来。

教师：大家每人取三种纸制作风车，看哪种纸容易产生风。

幼儿操作，教师巡回指导。

教师：大家有什么发现?

幼儿：硬纸制作的风车容易产生风，而且风大。画画纸制作的风车也能产生风，但是风比硬纸的风小。皱纹纸制作的风车产生的风小，一扇风，皱纹纸就飘来飘去。

3. 结束行动

幼儿变成不同季节的风，感受不同风力，开展“风儿吹”游戏。

教师：风儿吹啊吹。

幼儿：什么季节的风?

教师：春天。

幼儿用身体不同部位制造出柔和的风。

…………

活动延伸

1. 创编风的故事，并进行讲述或展演。

2. 寻找日常生活中不同材料，进行制造“风”的游戏。

活动总结

1. 科学方面：“风”这一探究点让幼儿可以更好地接触到自然现象，积累一定的直接经验，更加关注身边的自然现象。在此次活动中，教师先与幼儿一同观察梳理风的特征后，通过身体找风、玩具制风、探究制风材料，层层深入，让幼儿在操作中观察、比较，并描述风的特性以及制风材料的不同与风大小之间的关系。

2. 戏剧方面：在活动结束部分通过戏剧游戏“风儿吹”回归于生活中，让幼儿借助自己的生活经验以及活动中对于大、小风的探索为基础，用肢体、表情、语言和声音模风的动态过程，并较为细腻地把握细节，深化主题。

活动二：四季的变化

活动目标

1. 了解四个季节按顺序循环交替的现象，感受不同季节与人类生活的关系。

2. 乐于用小组合作的方式表现四季的关系，以及不同季节人类和动植物的变化。

3. 喜欢亲近自然，对生活中的自然现象感兴趣。

活动准备

1. 材料准备：四季转盘，四季的图片。

2. 经验准备：幼儿知道一年有四季，初步了解四季的特点。

活动重点难点

1. 活动重点：了解季节的特点，感受季节引起的变化，关注人类和动植物的变化。

2. 活动难点：用小组合作的方式表现不同天气对人类和动植物的影响。

活动过程

1. 决定行动

请幼儿以自由组合或其他方式分为四组，四组幼儿轮流用动作表现春、夏、秋、冬不同季节的特点（一组表演，其他小组猜测是什么季节）。

第一组幼儿蹲在地上，用手变成小苗，从地里钻了出来。第二组幼儿围成一个大圆圈，表示大大的太阳。第三组幼儿用呼呼声表示大风天气，第四组幼儿紧紧抱在一起表示寒冷的冬天。

教师：四组小朋友的表演内容有什么不同？你能猜出他们表示的是什么季节吗？怎么看出来的？

2. 展开行动

（1）玩四季转盘，知道四季交替的顺序。

教师：现在是什么季节？

幼儿：夏季。

教师：一年之中有几个季节，还有哪几个季节？

幼儿：四个，还有秋季、春季、冬季。

教师：四季的顺序是怎样的？

幼儿：春、夏、秋、冬。

接着，教师围绕“四季中的第一个季节是什么季？”“冬季是四季中的第几个季节？”“冬季结束之后又是什么季节？”等问题进行提问，通过四季转盘引导幼儿认知四季顺序和交替循环的现象。

（2）小组表现四季特点，进一步了解四季的主要特征。

教师：接下来春、夏、秋、冬四个小组再次表演不同季节的特点，表演出该季节特点最多的小组获胜。

四个小组进行讨论、准备，教师引导幼儿可以从天气、人们的活动与穿着打扮、动植物的变化等方面进行表演。

小组讨论后，各组进行集体展示：春小组表现了刚出土的小草，盛开的小花，飞来飞去的小鸟，在公园里放风筝、野餐的小朋友；夏小组表现出炎热的太阳，盛开的荷花，雷阵雨的场景，小朋友游泳、打水仗、吃冰淇淋的场景；秋小组表现出大树落叶，小松鼠收集果实，蚂蚁运粮食等场景；冬小组表现出下雪，堆雪人，打雪仗，穿棉袄的场景。

教师在不同小组表演后引导他们思考为什么不同季节会有不同的景象，引导幼儿关注不同季节天气与人类、动植物之间的关系。

3. 结束行动

教师：一年四季你最喜欢哪一个季节？为什么？

幼儿：我喜欢春天，因为春天小草、树木发芽，花儿都开了。

幼儿：我喜欢冬天，因为冬天下雪后能打雪仗、堆雪人。

幼儿：我喜欢夏天，因为夏天可以游泳，吃冰淇淋。

幼儿：我喜欢秋天，因为秋天我家小区的银杏叶都黄了，特别好看。

鼓励幼儿大胆表达自己的感受。

活动总结

1. 科学方面：教师通过多种形式引导幼儿充分调取自己生活中的经验，通过小组合作的方式让幼儿对于不同的季节特征进行经验共享，并用多种形式进行表达，同时借助四季转盘让幼儿感知季节变换的周期性，了解四季变换的顺序。

2. 戏剧方面：四季的感知无法通过一节活动直接体验，因此教师巧用戏剧的方式贯穿，前期只是幼儿已有经验的表征，在进行一系列探索后让幼儿进行信息整合后再表征。

活动三：石头百宝箱

活动目标

1. 了解石头的用途，感受石头与人们生活的关系。

2. 初步认识不同种类的石头，感受石头的基本特征，能清楚连贯地表达发现。

3. 激发幼儿关注身边的自然环境。

活动准备

1. 材料准备：泥岩、砾岩、大理岩、石灰岩等不同岩石标本，记录本，岩石百宝箱。

2. 经验准备：幼儿在生活中见过石头，了解一些基本特性。

活动重点难点

1. 活动重点：了解石头的基本特征，发现不同岩石之间的差异。

2. 活动难点：运用对比的方法发现不同石头之间的差异并清楚连贯地表达。

活动过程

1. 决定行动

教师出示岩石百宝箱，请一名幼儿伸手进去摸一摸并说出主要特征，其他幼儿进行猜测。

教师：我这里有个百宝箱，里面装着今天我们要认识的宝贝。请一位小朋友来摸一摸，说出发现，大家猜一猜百宝箱里装的是什么。

幼儿（摸百宝箱）：摸上去圆圆的，有些硬。

幼儿：硬币。

幼儿：不是，是一整块圆形的，摸着滑滑的。

幼儿：球。

幼儿：有些重。

幼儿：石头。

2. 展开行动

（1）小组观察不同的石头，发现不同石头之间的相同点与不同点。

教师将百宝箱的石头取出来，各小组一份，幼儿进行观察对比。教师启发式提问：这几种石头是什么样的？摸上去有什么感觉？不同的石头有什么不同？各小组通过对比观察石头，发现石头之间的相同点与不同点，并在记录表上记录下来。

（2）小组分享。

各小组分享本组发现的不同石头之间的相同点与不同点，教师介绍不同石头的名称，结合各组的分享总体介绍不同石头的特点，如石头的形态、石头的外形特点、石头的轻重等。

（3）教师扮演岩石专家，介绍不同的石头。

教师讲解《不同的石头》，介绍不同岩石的形成。

教师：你们出去旅游的时候看见过岩石吗？想一想在哪里见过岩石？

幼儿：在海边有石头。

幼儿：山上都是石头。

幼儿：在海边有很多小石头。

教师扮演岩石专家为幼儿介绍不同石头形成的原因，幼儿初步感知不同石头形成的原因。

（4）讨论：石头有什么用？

教师：大家认识了这么多石头，你知道石头有什么用吗？

幼儿：石头可以铺路。

幼儿：石头可以盖房子。

幼儿：石头可以做假山。

幼儿：石头可以做成桌子、凳子，还有栏杆。

教师：就像大家说的那样，石头有很多用途，我们的生活离不开石头。

3. 结束行动

教师：我们刚刚了解这么多关于石头的秘密，现在我们一起到幼儿园院子里走一走，看一看有没有石头，哪些东西是石头做成的。

活动延伸：

1. 在班级开展“石头展”活动，并将材料投放到区域中，鼓励幼儿深入研究石头的特征，并进行交流。

2. 引导幼儿找一找，发现生活中哪些物品是石头做的，有哪些作用。

活动总结

1. 科学方面：石头是我们生活中随处可见的自然资源，幼儿通过探究石头，了解自然物的作用，引导他们关注自然环境，初步形成爱护自然、保护环境意识。

2. 戏剧方面：活动开始借助百宝箱游戏激发幼儿的探究兴趣；活动结束环节，教师扮演专家介入，专家外衣可以让幼儿深化相关知识，让活动增加趣味。

活动四：好玩的沙

活动目标

1. 感知沙的特性，发现沙的用途。

2. 在玩沙的过程中愿意用不同的方式与大家分享自己的发现。

3. 通过专家介绍的活动初步理解沙子对于人的重要性，懂得珍惜资源。

活动准备

1. 材料准备：沙地或者每组一盘沙，沙的照片，透明塑料杯，小勺子，水，玩沙的水桶、小碗等，自制课件“沙的用途”。

2. 经验准备：幼儿见过沙子。

活动重点难点

1. 活动重点：在玩沙的过程中感知沙的基本特性，愿意分享自己的发现。

2. 活动难点：通过细致观察发现实验现象，用完整连贯的语言表达。

活动过程

1. 决定行动

（1）教师出示沙的照片，请小朋友观察，说出照片上是什么。

教师：请大家观察照片，照片上的是什么？

幼儿：是土，我见过。

幼儿：是沙子，我在小区玩过。

幼儿：是沙子，我在老家见过很多沙子，就是这样的。

幼儿：是土，我在公园见过的土就是这样一堆一堆的。

在小朋友产生分歧，不确定是什么的时候，教师通过“良心巷”游戏，调动幼儿进一步探究的兴趣。

游戏玩法：说沙的小朋友站成一排，说土的小朋友站成一排，两排小朋友面对面，中间留一条通道。不确定是土还是沙的小朋友站在通道一端闭上眼睛。接下来，两队小朋友分别阐述图片上是沙还是土的观点，站在中间的小朋友闭着眼睛从两队中间通过，聆听两队小朋友的观点，当他走到队尾时说出自己听到的观点，并说出自己的判断。

（2）教师带幼儿来到沙池，请幼儿验证自己的猜想结果。

教师：请大家摸一摸，看一看你猜得对不对。

幼儿：这是沙子，沙子是一粒一粒的。

幼儿：是沙子，沙子粗，土更细。

2. 展开行动

（1）幼儿玩沙，感知沙的特性。

幼儿来到沙池里抓一把沙子，看一看、摸一摸、捏一捏，感知沙子的特性。

教师：沙子是什么样的？

幼儿：是没有气味的。

幼儿：摸起来软软的。

幼儿：沙子是细细的，一粒粒的。

幼儿：我抓了一把沙子，沙子从手缝里流下去了。

（2）沙子小实验：沙子不溶于水。

教师：把一小把沙子放在水杯里不断地搅拌，会发生什么呢？

幼儿：会沉到水底，因为大海边沙滩上的沙子就是在水的下面。

幼儿：会飘在水里，大海里的水中就飘着很多沙子。

教师：现在我们一起试一试。

幼儿每人一个塑料杯，放上一小勺沙子，倒上水搅拌，然后观察塑料杯中沙子的变化。通过观察得出沙子是不溶于水的。

教师：摸一摸变湿的沙子和刚刚大家观察的干沙子有什么不同。

幼儿：湿沙子能一把抓起，不会从手上流走。

幼儿：湿沙子能抓成一条，干沙子不行。

幼儿：湿沙子摸着硬硬的，干沙子摸着是软的。

幼儿：湿沙子能塑成形，干沙子不行。

教师：大家发现了湿沙子和干沙子的不同，还发现了湿沙子可以做出很多造型。现在你和你的同伴试一试，在沙池中加入一些水，用湿沙子做一个造型吧。

幼儿与同伴一起用湿沙子进行塑形游戏，感受湿沙子塑形的方法。

3. 结束活动

教师：各组小朋友都用沙子做出了造型，特别能干。现在我们来放松一下，请小朋友在木板地上跳一跳，你们的脚是什么感觉？跳得舒服吗？

幼儿：木板地太硬了，跳一下脚就疼了。

幼儿：在木板地上跳，一不小心摔了跤，屁股摔疼了。

教师：在木板地上跳得不舒服，在沙地上跳呢？

幼儿：沙地软，在沙地上跳脚不会疼。

教师扮演专家播放“沙的用途”课件，幼儿观看。

教师：你们通过课件发现了什么？

幼儿：水泥地很硬，沙很软，所以如果攀登架放在沙坑里面，掉下来就不会摔伤。

幼儿：还有跳远的时候，也要用沙坑，叔叔练拳也要打沙包。

幼儿：沙子可以用来铺路。如果把沙子、水泥、石头搅拌在一起变得硬邦邦的，就可以建房子、造桥了。

幼儿：沙子可以装在袋子里堵洪水。

教师总结：我们平时玩游戏和进行体育运动时需要沙子，盖高楼大厦也要用沙子，沙子是我们的好朋友，所以我们平时在沙地里和沙子做游戏的时候不能浪费沙子。沙子很细小，很容易钻到眼睛里、鼻孔里，所以大家玩的时候也要注意安全。

活动延伸

1. 如果幼儿园有沙池，可以带幼儿多次进行玩沙塑形游戏，感受沙子的特性，尝试不同的造型。

2. 家园共育：家长和幼儿一起翻阅关于“沙”的图书，制作知识卡，强化对沙子的认知。

活动总结

1. 科学方面：此活动蕴含了地球与空间科学领域的核心概念——地球物质的特性。在活动中，幼儿先感知干沙的特性，再通过小实验发现沙子不溶于水的特性，接着感知湿沙的特性，玩湿沙塑形游戏，最后介绍沙子的用途，整个活动环环相扣，层层递进，逐步建构起幼儿对沙子的全面认识。

2. 戏剧方面：教师通过良心巷帮助幼儿辨识沙子和土的区别，不仅增加了活动的趣味性，也为接下来探究沙子的特性奠定了基础。教师通过专家外衣环节，进一步丰富幼儿对沙子用途的认识，感受到沙子在生活中的重要性，从而激发幼儿爱护资源、节约资源的意识。

活动五：玩空气

活动目标

1. 了解空气的特点。

2. 用多种方法感知空气的存在。

3. 能在游戏中用肢体、表情、语言表现空气对人类、动物、植物的重要性。

活动准备

1. 材料准备：幼儿每人一个塑料袋，两盆水，牙签。

2. 经验准备：幼儿知道空气的存在。

活动重点难点

1. 活动重点：了解空气的基本特点，感知空气的存在。

2. 活动难点：感知空气的重要性，并用戏剧的方式表现出空气对人类、动植物和地球的重要性。

活动过程

1. 决定行动

捉迷藏游戏“空气空气你在哪？”

幼儿扮演空气，分散在教室的各个角落，当教师问：“空气，空气，你在哪？”小朋友们纷纷探出头。教师去抓“空气”，被抓到的“空气”就被淘汰出局。

游戏结束后教师引导幼儿边休息边讨论。

教师：我们每天呼吸的是什么？

幼儿：空气。

教师：是的，我们呼吸的是空气中的氧气，谁知道空气分布在哪里呢？

幼儿：到处都是空气，但是我们看不到。

教师：空气就在我们周围，但是空气看不到、摸不到也闻不到。

教师：现在使劲呼吸一下，你有什么发现？

幼儿：我感觉一吸气，鼻子里就有气（流）。

教师：那怎么能感受到空气呢？

幼儿：使劲吸气，能感受到有空气。

幼儿：呼气时感受到气从鼻孔里出来。

幼儿：还可以跑起来，跑起来就能感觉到。

教师：说得特别好！今天老师也准备了一个捉空气的方法，我们一起试一试吧。

2. 展开行动

（1）幼儿每人一个塑料袋，玩兜空气游戏。

教师：你们能用塑料袋兜住空气吗？

幼儿：老师你看，我一跑塑料袋就鼓起来了。

教师：抓紧袋口，有什么发现？

幼儿：袋子鼓鼓的，鼓起来了。

教师：是什么让塑料袋鼓起来的？

幼儿：空气，袋子里装满了空气。

教师：可以用什么方法证明塑料袋里装的是空气呢？

幼儿：看一看就知道，空气是没有颜色的。

幼儿：打开塑料袋，没有东西从袋子里出来，因为里面装的是空气。

教师：如果用牙签在塑料袋上戳个洞会怎么样？

幼儿：袋子就瘪了。

幼儿：袋子里的空气就跑出来了。

教师：如果把戳了洞的塑料袋放入水中会有什么现象？我们一起看一看。

教师演示，幼儿观察袋子戳破后放在水盆里后产生气泡的现象。

幼儿在塑料袋上戳洞，将洞靠近皮肤或者放入水中，观察看有什么发现。

幼儿各抒己见，叙述自己的发现。

教师小结：我们发现了许多空气的小秘密，空气虽然是无色、无味、没有形状、看不见的，但我们可以用一些方法感知空气的存在。

（2）交流讨论：如果没有空气，地球会怎样。

教师：我们在捉空气的游戏中感受到空气的存在，那大家猜想一下：如果地球上没有了空气会发生什么事情？

幼儿：人就会死。

幼儿：动植物也会死亡。

教师：为什么？

幼儿：因为没有空气的话，人就没办法呼吸，就像这样（幼儿做憋气样子）。这样很难受的。

教师：我们一起试一试屏住呼吸数 10 个数，看是什么感觉。

教师与幼儿一起屏住呼吸数到 10。

教师：时间到，大家正常呼吸，说说你屏气的感受？

幼儿：很难受。

幼儿：感觉心脏都快不跳了。

幼儿：坚持不住，我数到 8 就坚持不住了。

幼儿：感觉我的脸都要爆炸了。

教师：我们只尝试了大概 10 秒没有空气就这么难受，空气对人类的生命重不重要？

幼儿：重要，太重要了。

幼儿：动物也要呼吸，如果没有空气，动物也就活不了了。

教师：说得太对了！如果没有空气，动物也无法呼吸。

教师：植物呢？植物需要空气吗？

幼儿：需要，植物也要呼吸。

教师：是的，植物也是需要呼吸的。没有空气，人类、动物、植物都没有办法生存。

所以空气对地球上的生物都很重要。同样，空气对于地球也很重要。我们的地球由大气层保护着。宇宙里有很多有害的光线和灰尘，大气层会把这些光线和灰尘阻挡住，不让它落到地球上。大气层把太阳光散射到四面八方，让地球的每一个角落都能有阳光。如果宇宙里的陨石落向地球，大气层也会和这些陨石摩擦，把陨石燃烧掉。空气对于我们、对于地球都是至关重要的。

3. 结束行动

戏剧小游戏“找空气”。

教师：现在一部分小朋友扮演空气，一部分小朋友扮演地球和地球上的动植物，我们一起玩“找空气”的游戏。

教师讲述故事，幼儿根据兴趣选择想要扮演的角色表演：很久以前，地球上什么也没有，太空里的陨石能够直接落在地球上。慢慢地，慢慢地，空气在地球周围出现，形成了保护罩，把地球保护起来。再后来，地球上出现了植物，花儿盛开，果树结果，再接着出现了动物和人类，地球上一片生机盎然。

活动延伸

1. 教师可以在班级布置《呼吸的空气》等介绍地球的书籍，丰富幼儿的认知。

2. 在活动区中提供塑料袋、吸管、打气筒、气球等材料，鼓励幼儿在活动区继续探索空气。

活动总结

1. 科学方面：空气虽然看不到，摸不着，但它对人类以及动植物的生存有着重要的影响。教师通过设计适宜的目标，采用多种方式支持幼儿通过多种方式进行探究，发现空气的特点，感受空气与人类生存的关系，从而了解空气的重要性。活动中教师没有通过说教的方式组织活动，而是通过不同的体验、戏剧、游戏等方式让幼儿在亲身体验、实际操作中进行学习。

2. 戏剧方面：《指南》中指出 3 ~ 6 岁幼儿的学习方式是以游戏为主，戏剧游戏的方式不仅帮助幼儿将已有经验进行转化，更利于幼儿通过直观的方式表达自己的理解与认识。活动中教师通过戏剧游戏帮助幼儿体验到空气的特点，从而感受到空气的重要性。

第四章

教育戏剧答记者问

一、关于幼儿的问题

1. 幼儿在戏剧活动中过于兴奋怎么办

戏剧融入科学活动是幼儿以前没有过的体验，尤其是在戏剧活动中幼儿跳出真实情境扮演其他的角色，心理上挣脱束缚而处于放松的状态，同时戏剧活动的游戏性、冲突性也容易令幼儿感到兴奋。例如，在大班刚开始开展活动“弹性”时，教师将自己打扮成看守，幼儿看到教师穿着斗篷，戴着帽子，变成看守，感到很新奇，笑得前仰后合，有的幼儿直接上前摆弄教师的斗篷，有的幼儿和同伴聊天，有的幼儿甚至跑跳，任凭教师怎么维持，幼儿仍不能进入课堂状态。

为什么幼儿在戏剧活动中非常兴奋呢？首先，幼儿第一次接触戏剧活动，对于戏剧活动感到很新奇，容易情绪激动；其次，戏剧活动强调教师和幼儿间的平等关系，教师尽量避免权威型角色，幼儿在轻松愉悦的氛围中容易忘记规则。

针对这个问题，可以采取以下措施：首先，教师平时多提供戏剧游戏机会供幼儿参与，比如利用过渡环节和幼儿玩戏剧相关的小游戏，逐渐建立规则意识；其次，教师在进行戏剧活动前务必和幼儿一起制定戏剧契约，并在课前“复习”戏剧契约，确保幼儿遵守，对于不能遵守契约的幼儿应提前提醒，必要的时候暂停其游戏活动。

2. 如何在活动中保持幼儿的主体性

虽然幼儿正处于发展中，但仍然是独立的个体，对事物有自己的理解。在活动中，教师应当相信幼儿的参与能力，尊重幼儿的选择和判断，以他们的知识经验为基础，虽然幼儿创编的故事或肢体表现非常简单，甚至“无趣”，但是它反映了幼儿现阶段的水平。比如在小班游戏“认识花生种子”中，一名幼儿表现花生种子时双手比成花朵形状，放在了胸前，其他幼儿看到后也纷纷模仿。教师虽然希望幼儿创新，但是幼儿是从模仿开始学习的，在这个时候教师不应该急于鼓励他们创新，而是充分尊重他们的主体性，认可模仿行为，同时关注到表征方式不一样的幼儿，鼓励他们在集体面前表现自己，其他幼儿观察后也会有意识地改变。

在这个过程中，教师并没有想要幼儿改变，而是以幼儿现实能力为基础，鼓励幼儿积极思考、自我表现、继续建构。

教师也应注意评价标准的制定，幼儿是评价的主体，也应该是标准的制定者，教师应避免按照自己的标准对幼儿的表达给予“好不好”“像不像”的评价，而应给予幼儿更多表达表现的机会，给予幼儿更多发表自己看法的机会。

3. 幼儿角色意识弱怎么办

幼儿角色意识往往表现为“真的”和“假的”观念的建构，一旦发现“假的”很容易跳出来。遇到这种情况，教师要相信幼儿是天生的角色参与者，更容易投入戏剧的情节、情绪中。比如在中班活动“盛开的花”中，幼儿会因为“花开”而欢呼，有的幼儿则发现这些花是纸做的花，就大叫这是假的。在这个活动中幼儿从表演中跳脱出来，很明显他不满足于当前的审美，对于该表演活动有认知距离，以至于没有融入角色之中，这并非幼儿的角色意识弱，相反，是幼儿对角色的要求更高。此时，教师不妨增加幼儿的角色代入感，鼓励其扮演一个新的角色，如当守护天使，专门守护水里的花朵，同时用一些戏剧性的语言引导其关注角色之内的事物。

4. 戏剧需要排练吗？幼儿需要掌握专业的戏剧知识吗

科学活动中的戏剧是教育戏剧，强调即兴表演，幼儿不需要掌握专业的戏剧知识。

可能教师在刚开展戏剧融入科学活动时会置疑，是不是只有大班幼儿能上，小班幼儿上不了呢？幼儿不学习戏剧相关知识，怎么表演呢？带着这些疑问，教师在实践中发现，幼儿是天生的表演者，擅长肢体活动、假装游戏，小班幼儿比大班幼儿更有角色代入感。所以教师需要的是为幼儿提供平台，提供支持，鼓励幼儿大胆地表现，幼儿会带给教师很多惊喜，如在小班活动“认识花生种子”中，幼儿发挥想象，把花生当作小船、高铁等，让教师眼前一亮。

二、关于实施中的疑问

1. 戏剧活动中教师扮演什么样的角色

在传统教学活动中教师通常扮演引导者的角色，但是在戏剧活动中教师更多地扮演支持者，在活动前为幼儿准备丰富的道具、科学材料，以支持探究活动的开展；在活动中为幼儿创设开放、自由的环境，通过教师入戏等策略鼓励幼儿表征，创设操作区和活动区以便于幼儿操作和活动（操作区用于幼儿的科学探究，活动区用于幼儿的讨论、表达表现）；在活动结束以角色扮演的方式支持、鼓励幼儿用戏剧表达的方式梳理科学经验。

2. 如何协调科学的理性和戏剧的感性之间的冲突

科学活动是客观的、理性的，戏剧活动是主观的、感性的，当理性与感性发生冲突的时候该如何解决呢？以中班活动“蚂蚁”为例，幼儿观察蚂蚁有触角，有的幼儿觉得那不是触角，那是蚂蚁的“天线”，是用来捕捉信号的，其实触角和“天线”的功能是一样的，幼儿表达的意思是一致的，只是表达的方式不同。幼儿有自己的语言系统，并有能力化解这样的矛盾，教师应予以尊重。

在延伸活动中还可以结合家园共育策略，带幼儿走进博物馆，听听专家的讲解，慢慢的幼儿就能修正自己的认识。

所以，在活动中不需要让幼儿完全按照教师的意愿来认识这个世界，因为在他们体验的过程中，也会不断地自我调整，教师需要耐心等待。

3. 戏剧融入科学活动中，如何分配戏剧和科学比例

戏剧融入科学活动中，以科学活动为主，重视幼儿的科学探究，同时融合戏剧活动，在活动开始和结束的时候戏剧活动的比例比较大，但是在主体活动部分，科学活动的比例更大，有的活动甚至在主体部分弱化戏剧活动。这样分配主要是考虑到科学活动是需要实际操作的，探究需要花更多的时间，而且探究的经验为戏剧表达表现奠定基础，否则幼儿的戏剧表达很可能就完全脱离了活动的初衷，变成了纯艺术表达。教师希望幼儿的表达能建立在探究发现的体验之上，将探究发现用戏剧的形式进行外显。

4. 戏剧融入科学活动和常规科学活动有什么不同

常规的科学活动重视幼儿的操作体验，主要是导入、操作以及讨论总结，在这个过程中幼儿理性地参与，感性的部分基本没有，幼儿所表达的都是基于自己的观察，没有想象的空间，不利于幼儿创造力的发展。而在戏剧融入科学活动中，戏剧的融入更能激发幼儿参与的热情，在经验梳理过程中打破传统的“说”的单一方式，通过肢体表现，逐渐内化成自己的经验，而不是用简单的几句总结来结束，这和常规科学活动明显不同。另外，戏剧结合了现实世界，将科学内容与现实世界更好地连接，帮助幼儿将科学知识内容迁移到实际生活中，进行真实地游戏，也为未来的生活做准备。

以活动“小火山”为例，从科学概念角度来看，此活动包含了物质科学领域中的核心概念：对物质的性质进行测量和比较。对于大班幼儿而言，能够使用简单的工具对物体的性质（大小、重量、温度等）等进行测量和比较，这是

与常规科学活动相通的部分。但是有别于常规科学活动，此活动能帮助幼儿提升用肢体、表情、辅助材料进行多人合作造型的关键经验，更加符合大班幼儿的年龄特点。

另外，除了常规科学活动发展的幼儿三种类型的科学探究能力：①观察实验能力，用水油配比的实验发现制作火山的秘密；②科学思考能力，幼儿基于实验和记录单发现水油为 1∶2 时现象最为明显，幼儿基于此经验推测出油要多加，火山才能制作出来；③表达交流能力，幼儿用交流讨论的方式叙述科学发现。此外，符号记录和肢体表现都是幼儿的多元表达方式。在戏剧表现环节，发展了幼儿的合作能力和创造能力，幼儿通过多人合作变身火山，表现火山喷发的姿态；在教师提示下，幼儿表现水油分层现象，中间一名幼儿表现泡腾片从底部向上喷发，创造性地设计了从低到高、不断向上延伸的环节。

参考书目

［1］张晓华．创作性戏剧教学原理与实作［M］．上海：上海书店出版社，2011.

［2］林玫君．儿童戏剧教育的理论与实务［M］．上海：复旦大学出版社，2015.

［3］张晓华．教育戏剧跨学科教学课程设计与实践［M］．北京：中国戏剧出版社，2017.

［4］张金梅．学前儿童戏剧教育［M］．南京：南京师范大学出版社，2016.

［5］张俊等．幼儿园科学领域教育精要：关键经验与活动指导［M］．北京：教育科学出版社，2016.

［6］张金梅．幼儿园戏剧教育课程 表达 创作 表演（大班）［M］．南京：南京师范大学出版社，2014.

［7］张晓华．表演艺术 120 节戏剧活动课执教手册［M］．北京：中国戏剧出版社，2016.